初級者のための
経理実務 Q&A

―検定簿記から経理実務へ―

中央大学公認会計士会 編

税務経理協会

まえがき

　本書は，中央大学学員会（ＯＢ会）の支部である中央大学公認会計士会の設立20周年を記念して，会員である実務に精通した公認会計士が，企業会計の実務について分かりやすく解説した実務入門書です。

　執筆に当たったのは，大手監査法人に勤務する公認会計士，個人事務所を営む公認会計士・税理士，コーポレート・ガバナンス等を専門とするコンサルタントの公認会計士，会社経営者の公認会計士など，様々な経歴とノウハウを有する実務経験豊富なメンバーです。

　このように書くと，本書は難しい本のように思われてしまうかもしれませんが，本書の大きな特徴は，会計実務についての初心者に対しても，ある程度の知識を有する方々に対しても，何よりも分かりやすさにポイントをおいて簡潔に説明することを心掛けている点です。

　仕訳，簿記や会計はある程度分かっても，実際の実務ではどのような手続や処理が行われているのかについては，簿記会計の入門書の知識や簿記検定のテキストだけでは分かりにくい部分も少なくないことと思います。そのような入門書から実務への橋渡しとして執筆されたのが本書です。

　会計取引や会計手続の基となる取引や手続について，経理実務の初心者にも分かりやすく，かつ，業種や業態の特色についても簡潔に説明してあり，必ずや皆さんのお役に立てるものと考えています。

　本書を活用することにより，会計実務や経理実務のポイントを踏まえて学習することができるものと確信しております。また，本書の内容を，実務に際し，より深く理解した上で，応用して適用することも期待しています。

2012年5月吉日

中央大学公認会計士会
会長　遠藤忠宏

本書の利用に当たって

　本書は，簿記会計の初級から実務への橋渡しを行うことを目指して，簿記会計の初心者にも分かりやすくするために，なじみのある主要な勘定科目等と関連付けた設問に対して回答する形式（Q＆A方式）で執筆しています。

　設問は網羅的ではありませんが，実務を行う上で，疑問に思うであろうと思われることや各執筆者が実務についたころのことを思い出しながら，ポイントとなる事項をピックアップして執筆しています。このことから，必ずや会計実務に携わり始めた方の役に立つものと思います。また，ある程度実務経験を経た方にとっても再確認する意味で有効と考えます。もしかしたら，新しい発見があるかもしれません。

　また，本書の特色としては，随所に業種の特色や類書ではあまり触れられていない実務の細かな事項まで分かりやすく説明しているところにあります。さらに，最近，注目されているコーポレート・ガバナンス，ＣＳＲや内部統制といった会社に欠かせない事項についても分かりやすく取り纏めています。

　本書を活用することにより，経理実務をより深く，効率的に実施できるようになることを願ってやみません。

　最後になりますが，本書の企画段階から多大なご支援をいただき，また，編集作業でもご奮闘いただいた税務経理協会の新堀博子氏，出版を快諾していただいた大坪嘉春氏に感謝いたします。

2012年5月吉日

中央大学公認会計士会
幹事長　成田智弘

目　　次

まえがき

本書の利用に当たって

第1章　簿記の基本原理，資産負債の概念，取引，勘定，帳簿

Q1　帳簿組織 簿記検定で帳簿組織を勉強しましたが，実務においては実際のところどのようになっているのでしょうか。	1

第2章　勘定科目ごとのQ&A

1　現金預金

Q2　現金預金の留意事項 現金預金の実務上の留意点を教えてください。	7

2　有価証券

Q3　有価証券の購入手数料 有価証券を購入するときの手数料や消費税の取り扱いについて教えてください。	16
Q4　有価証券の貸し付け，借り入れ 有価証券の貸し付け，借り入れ，差し入れなどは，実際に行われることがあるのでしょうか。	20

Q5 有価証券の減損	
有価証券の減損はどのように行われるのでしょうか。また，各会社ではどのようなルールに従って減損の判定を行っているのでしょうか。	26

3 売掛金，完成工事未収入金，営業未収入金など

Q6 売掛金の決算手続	
売掛金の決算手続で，簿記では習わないような手続きはありますか。あれば教えてください。	34

Q7 売掛金の貸し倒れ	
売掛金が貸し倒れた場合には，どのような処理が必要でしょうか。	37

Q8 売掛金の回収	
売掛金の回収について留意すべき事項を分かりやすく教えてください。	40

Q9 営業未収入金	
売掛金の代わりに完成工事未収入金，営業未収入金などの勘定科目を使っている会社がありますが，どのような会社で，なぜ，このような科目を用いているのでしょうか。	45

4 その他の債権と債務

Q10 社会保険料	
社会保険料の実務処理はどのように行われますか。	49

Q11 仮払金，立替金	
仮払金や立替金の管理について留意すべき事項があれば，分かりやすく教えてください。	56

5　受取手形

Q12　手形の管理と取立て
受取手形の管理や銀行に対する取立依頼はどのように行われて，どのように入金されるのでしょうか。　59

Q13　手形の裏書と割引
手形の裏書（うらがき）とは具体的にどのようなことをするのでしょうか。また手形の割引に関しても教えてください。　65

Q14　手形の不渡り
手形が不渡りになったら，どのような手続きが必要でしょうか。　68

6　引当金

Q15　会計上の引当金と税法上の引当金
会計上の引当金と税法上の引当金について分かりやすく教えてください。　71

7　偶発債務

Q16　金融機関の支払保証
銀行など金融機関の貸借対照表に「支払承諾」，「支払承諾見返」という勘定科目が表示されていることがありますが，どういった内容のものでしょうか。　76

8　棚卸資産

Q17　実地棚卸
棚卸資産の実地棚卸は，どのように行われるのでしょうか。また，分譲用土地建物，未成工事支出金，開発事業等支出金，未成業務支出金などの実地棚卸は，どのように行うのでしょうか。　79

9　デリバティブ

Q 18　デリバティブ取引 … 90
デリバティブ取引とはどのような取引ですか。また、その処理はどのように行うのでしょうか。分かりやすく教えてください。

10　有形固定資産

Q 19　有形固定資産の取得原価 … 95
有形固定資産の取得原価はどのように決められるのでしょうか。

Q 20　有形固定資産の耐用年数 … 109
有形固定資産の耐用年数はどのように決められるのでしょうか。

Q 21　有形固定資産の残存価額 … 122
平成19年3月以前に取得した有形固定資産の残存価額は10%である一方で、償却可能限度額が95%という点に矛盾を感じます。分かりやすく教えてください。

Q 22　有形固定資産の現物管理 … 127
固定資産の現物管理は実際にはどのように行えばよいのでしょうか。

11　無形固定資産

Q 23　会計上の無形固定資産と税務上の繰延資産 … 134
会計上の無形固定資産と税務上の繰延資産の関係について分かりやすく教えてください。

12　固定資産の減損

Q 24　減損会計 … 143
固定資産の減損について分かりやすく教えてください。

13 その他投資

Q 25　敷金・保証金 ... 151
敷金及び営業保証金の会計処理で留意すべき事項を，仕訳を例にして教えてください。

14 リース取引

Q 26　リース取引 ... 156
リース取引とは，具体的にどのような取引でしょうか。固定資産の取得との違いを中心に教えてください。

15 外貨建取引

Q 27　外貨建取引，外貨建資産負債の換算 ... 164
外貨建取引や外貨建資産負債の換算についてのポイントを教えてください。

16 純資産

Q 28　純資産と包括利益 ... 181
純資産と包括利益について分かりやすく教えてください。

17 収益と費用

Q 29　輸出売上 ... 189
輸出売上取引については，どのような手続や処理が行われるか教えてください。

Q 30　百貨店業の総委託取引 ... 193
百貨店業で「総委託」，「売上仕入」などのように呼ばれる取引があるようですが，どのような取引でしょうか。

Q 31　工事進行基準 ... 196
工事進行基準はどのような業種で採用されていますか。また，工事進行基準を採用している場合の留意点について教えてください。

18　税金，税効果

Q32　税務と会計 … 200
税務と会計の差異について分かりやすく教えてください。

第3章　財務諸表

Q33　損益計算書と貸借対照表 … 209
財務諸表とは，どこまでを指すのでしょうか。

Q34　財務諸表の区分表示 … 214
財務諸表の区分表示の基準にはどのようなものがあるのでしょうか。会社法と金融商品取引法では異なるのでしょうか。

Q35　株主資本等変動計算書 … 219
株主資本等変動計算書について分かりやすく教えてください。

Q36　財務諸表の注記 … 228
財務諸表の注記はなぜ必要なのでしょうか？会社法の計算書類の注記と金融商品取引法の財務諸表の注記についても，分かりやすく教えてください。

第4章　コーポレート・ガバナンスとCSR

Q37　コーポレート・ガバナンス … 237
コーポレート・ガバナンス（以下CG）について教えてください。

Q38　CSR（企業の社会的責任） … 245
CSR（企業の社会的責任）について教えてください。

第5章 連結・企業結合

Q39 企業結合 ... 251
企業の買収に関連して「DCF」,「のれん」や「PPA」などという言葉を耳にしますが,これらについて分かりやすく教えてください。

第6章 企業会計に関する法令など

Q40 公認会計士監査 ... 259
初めて会計監査に立ち会いますが,厳しい尋問のようなことをされるのでしょうか。

Q41 内部統制 ... 263
内部統制とはどのようなものでしょうか。分かりやすく教えてください。

第7章 その他関連事項

Q42 IFRS,IAS ... 273
IFRS(国際財務報告基準)とIAS(国際会計基準)は,同じもののように言われている場合もありますが,どのように違うのでしょうか。分かりやすく教えてください。

第1章　簿記の基本原理，資産負債の概念，取引，勘定，帳簿

Q1　帳簿組織

簿記検定で帳簿組織を勉強しましたが，実務においては実際のところどのようになっているのでしょうか。

Point

- 帳簿組織は総勘定元帳を中心に会計という方法により企業活動の結果を記録する仕組みです。
- 紙の総勘定元帳を用いて会計記録を行っているケースは減少しており，最近は会計システムを用いて会計処理を実施することがほとんどです。
- 会計システムの用途や導入目的は，企業の置かれている状況によって様々で，使用方法も多岐にわたっています。
- 法定書類についても電子的な保存が認められています。

1．概　要

　帳簿組織は，総勘定元帳を中心として日々の企業活動の結果を，会計という方法を用いて記録するための一連の帳簿記入の仕組みをいいます。帳簿組織において使用される帳簿の種類は，どのような帳簿組織にするのかによって異なりますが，仕訳帳及び特殊仕訳帳（現金出納帳や仕入帳，売上帳など）に入力した取引を基礎にして，総勘定元帳や補助元帳に転記することによって会計記録が行われます（図1）。

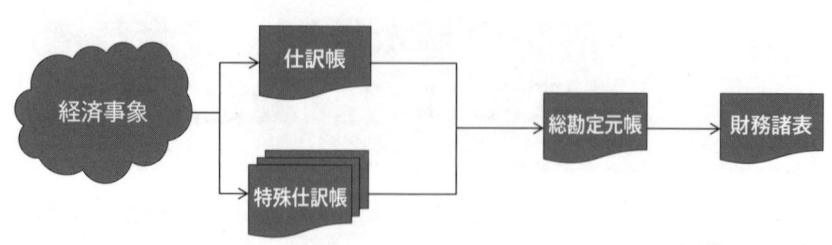

図1

　また，仕訳帳の代わりに伝票を用いて会計記録を行う方法も一般的です。伝票会計の場合には，入金伝票，出金伝票，振替伝票の3種類の伝票を使用して会計取引を記録しますが，仕入伝票及び売上伝票も含めた5種類の伝票を使用して会計取引を記録する方法もあります。前者を3伝票制，後者を5伝票制といいます。伝票に記録した取引を仕訳日計表に集計し，その集計結果を総勘定元帳に記録します（図2）。

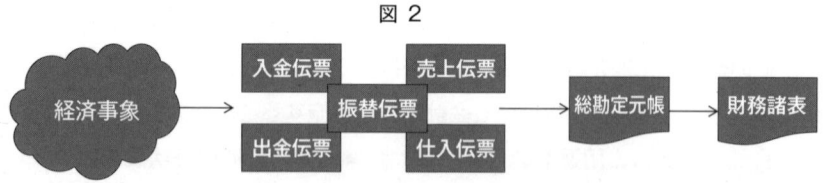

図2

　しかしながら，近年はコンピューターを利用して会計処理を行うことが多くなっています。コンピューターで会計処理を行う方法は，組織毎に大きく異なります。また，従来のように総勘定元帳に会計記録を行い，それに基づいて財務諸表を作成するだけではなく，様々な情報を会計システムやその他の周辺業務システムから入手することが可能になります。それらの情報は電子的に入手可能であることから，情報を二次利用することによって業務の効率化に役立たせることが可能になります（図3）。

図3

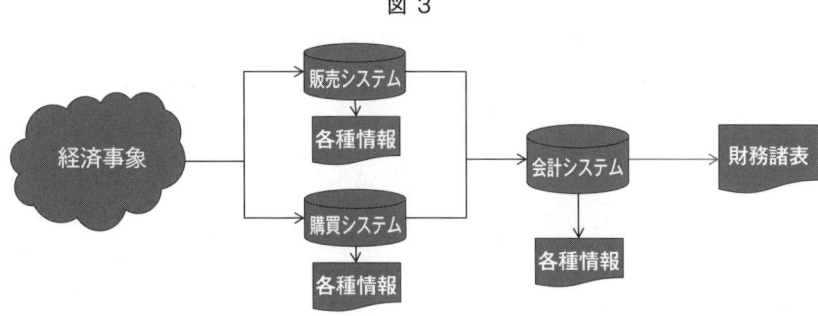

　会計仕訳の項目は，貸借の勘定科目と日付，金額で構成されます。勘定科目はコード化することが可能であることから，会計仕訳の各要素はすべて数値で扱うことが可能であり，企業で取り扱う情報のなかでも会計は最も情報システムへの親和性が高いため，情報システム化が比較的早く進んだ領域です。以前は会計処理にも大型のコンピューターが必要だったことから資金力が必要でしたが，近年では小型のコンピューターでも十分な処理性能があるため，ほとんどの組織で会計処理はコンピューターを用いて行われています。

　また，会計帳簿は一定期間の保存が求められていますが，電子帳簿保存法の施行により，電磁的記録の真実性や可視性を担保できるような一定の要件のもとに電磁的媒体で保存することも認められています（図4）。

図4

＜真実性の確保のための要件＞	＜可視性の確保のための要件＞
・訂正・削除履歴の確保（帳簿）	・見読可能性の確保
・相互関連性の確保（帳簿）	・検索機能の確保
・関係書類等の備付け	

2．会計システムの類型

　会計システムは，その利用目的や利用方法によってある程度類型化することが可能です。帳簿組織に基づく紙ベースでの取引記録の処理を行うためには，会計仕訳を作成して記録することが求められますが，会計システムを利用して

会計処理を行う場合には，主要な取引仕訳については，自動的に会計システムに入力されるような仕組みを有している場合が多くあります。

また，情報システムで会計処理をするにあたって，会計仕訳に様々な意味を付加することによって，経営管理に有用な情報を提供することが可能になります。会計情報のみならず業務情報も併せて情報を作成し，提供することも一般的です。そのためには組織を設計して責任と権限を明らかにし，その情報を会計システムにあらかじめ登録することが必要であり，また経営管理を行うために必要な情報をあらかじめ定義することによって，会計システムや周辺の業務システムから必要な情報を入手できるようにデザインすることが求められます。なお，会計システムは会計取引を処理するための情報システムであるため，特に取引処理システムと呼ぶことにします。コンピューターを用いて会計処理を行う方法は様々な形態がありますが，ここでは大きく3つに類型化します。

(1) 独立型取引処理システム

一般には，経理担当者のコンピューターに会計ソフトウェアをインストールし，スタンドアロン（コンピューターを他のコンピューターと接続しないで利用する形態）で利用する会計システムが相当します。この場合の会計システムは，総勘定元帳をそのままソフトウェアにしたような利用形態です。

経理担当者は日々発生する取引に基づいて会計仕訳を作成し，それを会計仕訳として会計システムに入力します。

例えば，販売システムも併用して利用しているような場合であっても，販売システムと会計システムは独立して使用されており，販売システムで処理した結果に基づいて経理担当者が会計仕訳を作成し，会計システムに入力するような形態です。

独立型取引処理システムは，現在では中小規模の組織体で用いられることが多く，比較的大きな組織では，処理すべき会計取引の量が多く手作業による処理が困難であること，会計システムから入手できる情報が限定的であることなどから，あまり利用されていません。

(2) 準統合型取引処理システム

　準統合型取引処理システムは，日常業務で使用する販売管理システムや購買管理システム，固定資産管理システムなどから，自動的に仕訳を取り込むことにより処理を行う会計システムです。例えば，販売管理を行うために販売管理システムに受注情報や出荷情報等を入力しますが，それらの情報に基づいて自動的に仕訳を作成し，それを会計仕訳として会計システムが取り込むことによって，販売管理システムで対象としている業務範囲に関する仕訳は，会計担当者が仕訳を作成する必要がなくなり，作業工数の削減を図ることが可能になります。

　独立型取引処理システムは，業務システムを用いている場合であっても，その業務システムから必要な情報を入手し，会計担当者が手作業で仕訳を作成する形態でした。しかし準統合型取引処理システムでは，各業務システムが管理対象としている範囲については，会計仕訳を自動的に作成し，会計システムに反映させる点で，自動化が進められています。業務システムが会計仕訳を作成し，それを会計システムが取り込むことによって処理されることを，自動仕訳といいます。

(3) 統合型取引処理システム

　統合型取引処理システムは，組織体のあらゆる活動に関する情報をすべて一つのデータベースで管理し，その格納されている情報に基づいて会計処理が行われる形態の情報システムのことであり，一般にはERP（Enterprise Resource Planning）と呼ばれます。

　統合型取引処理システムにおいては，利用者は会計仕訳を意識的に入力することが減り，日々蓄積される業務データから会計情報が生成されます。またこのシステムでは多くの情報が統合的に管理されていることから，様々な角度からの情報出力が可能となり，組織体の経営資源を有効に使うために必要な情報を継続的に入手ならしめる仕組みです。

3. グループ全体としての会計システム

　個別の企業ではなくグループ全体として考えた場合，連結会計をするための仕組みを検討することも必要です。

　連結対象会社が多くなったり，あるいは連結会計処理が複雑になってくると，連結会計システムを導入する場合があります。連結会計システムは親会社のほか，連結対象会社に関する情報を入手し，連結会計システムに反映させることによって，連結会計処理を効率化するために用いられます。

　各連結対象会社の情報は，連結パッケージと呼ばれるツールを用いて行われることが多くありますが，複数会社で利用することが可能なERPを用いてグループ全体で一つの会計システムを利用することによって，自動的に情報を収集する場合もあります。

　このようにERPを用いる場合には，日常業務を処理する際にグループの連結会計に必要な情報も併せて処理することによって，連結会計を行うために収集していた情報を自動的に処理することが可能になります。また各社の情報が1つのソフトウェアで管理されていることから，情報が一元管理されることによって連結会計処理の省力化が図られます。さらにグループ全体としての経営管理情報を出力することも可能になるため，グループ経営という観点からも有効性が高いと考えられます。

（参考文献等）
- 『新検定簿記講義　2級　商業簿記　平成23年度版』渡部裕亘，片山覚，北村敬子編著　中央経済社
- 『コンピュータ会計システム入門』河合久，櫻井康弘，成田博，堀内恵著　創成社

（公認会計士　中原國尋）

第2章　勘定科目ごとのQ&A

1　現金預金

Q2　現金預金の留意事項

現金預金の実務上の留意点を教えてください。

Point

- 現金預金は不正が起きやすい項目ですので，不正を起きにくくする管理が必要です。また，現金はできる限り手許に持たない方法を検討すべきです。
- 職務分掌，すなわち現金預金に関連する職務，権限，責任は，分離されていることが効果的で望ましい姿です。
- 当日の入出金を集計した日計表，残高については金種表を作成し，承認を受けることを毎日欠かさずに行うことが望まれます。
- 支店などの事業所，各部署で現金を保有する場合には，小口現金定額前渡制度（インプレスト・システム）の採用が望まれます。
- 事業所や各部署では現金を持たずに，すべて振り込み精算とする会社や従業員食堂や社内での物品購入などについても，現金ではなく社員証を兼ねたICカードなどで精算するケースもあります。
- 小切手，領収書用紙，支払手形用紙の管理については，網羅性をチェッ

> クすることができる連番管理が不可欠です。
> ・担当業務を長年任せっきりにするのではなく，適時に担当業務のローテーションを行うことも重要です。
> ・制度や仕組みを整備することも重要ですが，社風そのものを不正が起こり難いように変えていくことや従業員教育も非常に重要です。

1．概　要

　現金や預金は，それ自体，横領や入出金の誤りが生じやすい項目ですので，きちんと管理するとともに，手許現金を多額に保有することは極力避け，旅費や経費の仮払いなども記録が明確に残り，現金の受け渡しが極力ないように，振込方式とすることが望まれる項目であるということができるでしょう。

　わが国においても何年かに一度の割合で，巨額横領事件が報道されることがありますが，どのような会社においても，従業員や役員が自ら管理している会社の現金や預金を不正に私消（使い込み）し，あるいは，顧客から預かった現金，小切手や預金を不正に私消し，隠蔽工作を行うことが起きないとは限りません[注1]。

　また，一人の従業員に，現金預金の使用，現金や預金以外の資産の持ち出し等について，申請，承認，記録，保管などの権限を持たせている場合には，横領の隠蔽を含め不正が行われやすい環境を会社が作り出していることになります。いわゆる職務分掌，すなわち現金預金に関連する職務，権限，責任は，分離されていることが効果的で望ましいということができます。

2．現金の管理

　現金に関しては，当日の入出金を集計した日計表，残高については金種表を作成し，承認を受けることを毎日欠かさずに行うことが望まれます。毎日確かめることにより現金過不足が生じた場合にはすぐに分かり，当日の入出金をチェックすれば，その発生原因も分かりやすいという利点があります。数日に

一度といった状況では，現金過不足の原因を究明することが難しくなります。

支店などの事業所，各部署で現金を保有する場合には，小口現金定額前渡制度（インプレスト・システム）を用いて管理するケースがほとんどです。インプレスト・システムは，一定額を渡して必要経費等の出金に当て，不足が生じそうになると定額まで補充する制度で，現金の現在有り高と領収書等の支払証票とを合計すると常に一定額になるため，管理が容易です。例えば，定額を10万円と決めた場合で，経費の支払いが2万円，仮払金が1万円の場合には，経費の領収書が2万円分，仮払金領収書が1万円分，現金残高が7万円で，合計が定額の10万円になります。常に，現金残高と証憑書類を合計すると10万円になりますので，分かりやすく，管理もしやすいということになります。

最近は，現金の受け渡しのリスクと手間を考慮して，事業所や各部署では現金を持たずに，すべて振り込み精算とする会社が増えています。従業員食堂や社内での物品購入などについても現金ではなく，社員証を兼ねたICカードなどで精算するケースもあります。

また，簿記の教科書で習ったとおり，現金には現金と同一の性質を持つもの，例えば，他人振り出しの当座小切手，送金小切手，送金為替手形，預金手形，郵便為替証書，振替貯金払出証書等（財務諸表等規則ガイドライン15-1を参照）が含まれますので，注意が必要です。

3．小切手や領収書用紙の管理

小切手や領収書用紙の管理については，網羅性をチェックすることができる連番管理が重要になります。

連番管理はプリ・ナンバリング（Pre numbering）とも呼ばれ，書式等にあらかじめ連番を付しておくことです。同じ様式の書類，例えば，領収書用紙に固有の連番を重複のないように印刷しておくことにより，網羅的に領収書用紙を何枚購入あるいは作成し，何枚保管しており，何枚使用したのかを把握することができます。また，複写にすることにより，何番の領収書用紙が何に使われたのかを容易に把握することができ，管理上有用です。

このように，連番をあらかじめ付けておくことにより，取引の発生から記帳，報告までの情報の流れをこの番号を頼りに追跡することが可能となります。また，書式の紛失・改竄・偽造・回収洩れなどもたやすく発見，把握することができるようになります。固有の連番をキーにして，調査することができるからです。このような管理を行う場合には，台帳管理やファイリングも連番順に行うことが必要で，また，書き損じや廃棄したものについても捨てないで「書き損じ」，「取消」，「Void」といった記載や印を押し，事前に付されている連番の順番ごとにファイルすることが不可欠です。こうすることによって，台帳やファイリングしたものの中に空き番号がなくなるので，すべての書式の利用状況を把握することができるようになります。

　このような連番によるチェックが欠かせないのが，小切手帳，支払手形用紙です。いずれも，固有リスクが高く（換金可能性・流通性が高い），たった1枚でも多額の影響を与える可能性があるからです。小切手帳，支払手形用紙については，管理台帳を作成して厳格に管理する必要があります。その他に，領収書用紙も連番管理を行うことにより，不正が起こりにくい体制の整備の一環となります。小切手帳や手形用紙の場合には，銀行があらかじめ重複のない連番を付していますので，その連番を用いて管理することになります。

　公認会計士の会計監査でもこの連番管理は統制として重要視されており，小切手帳，支払手形用紙については，銀行に対して，発行したナンバー及び枚数について，確認手続を行うこともあります。

4．預金の管理

　預金には，当座預金，普通預金，定期預金，通知預金，定期積金，貯蓄預金，別段預金，納税準備預金，外貨預金，郵便貯金，郵便振替貯金などがあります。

(1) 当座預金

　小切手等による支払事務委託契約が付いている無利息の要求払預金です。支払事務委託契約が付いているため，取引の決済口座として用いられるため取引

数も比較的多くなります。このため通帳は作成されず「当座勘定照合表」と呼ばれる取引明細が銀行から発行され，この当座勘定照合表を用いて，預金決済取引のチェックを行います。なお，要求払とは，預金者の要求によって何時でも払い戻せることをいいます。

　当座預金については，小切手作成から引き落としまで数日間要しますので，この日数を利用して振出銀行と異なる銀行に預け入れることにより，振出銀行で未引き落とし，預け入れ銀行では預金残高の増加の状態（二重計上）を作り出すという不正や粉飾の手口として利用されることもあるため，公認会計士の会計監査での検討項目の1つとなります[注2]。

(2) 普通預金

　普通預金は，当座預金同様の要求払預金ですが，利息が付されるものです。当座預金と異なり小切手や手形の振り出しはできませんが，口座開設が簡単にできるため，最も一般的な預金です。取引記録は，通常，通帳を用いて記帳を行いますが，当座勘定照合表のようなリーフ方式の場合もあります。

(3) 定期預金

　定期預金は，預入期間が設定されており，預入期間が満了するまでは，原則として払い戻しのできない預金です。定期預金には，自由金利型定期預金（大口定期），スーパー定期，変動金利定期預金などがあります。

① 自由金利型定期預金（大口定期）

　　市場金利を基準として，銀行と顧客の相対交渉で金利が決められる預金です。最低預入単位が1,000万円以上で，まとまった資金の運用に適した預金であるといわれています。

② スーパー定期

　　1円以上1円単位で預け入れ可能な自由金利型定期預金です。主に1,000万円未満の預け入れに利用されています。300万円以上のものをスーパー定期300などとして，300万円未満の預け入れよりも高い金利を付して

第2章 勘定科目ごとのQ&A

いることが多い預金です。
③ 変動金利定期預金

変動金利定期預金は，預入期間中に適用金利の見直しが行われる定期預金です。したがって，預入時には，満期日までの利率が確定しません。

定期預金は，通帳式のもの，預金証書方式のものがありますので，特に証書方式の場合には，1枚の証書であるため，どこかに紛れ込んでしまったり，紛失してしまったりといったリスクがありますので，1枚ずつファイルに入れて保管するなどの十分な現物管理が必要です。

(4) 通知預金

通知預金は，払い出しの2日前までに払い出しの通知が必要な預金です。また，預け入れ後7日間据え置くことが必要です。通常，1回の最低預入金額が設定されており，普通預金より高い金利が設定されています。

(5) 定期積金

定期積金は，月掛預金や月掛貯金などとも呼ばれ，定期積金契約により，一定の期間にわたり毎月一定の期日に積金（積立金）を受け入れていくものです。

(6) 貯蓄預金

貯蓄預金は，個人のみを対象とする預金で，預金残高に応じて段階的に高金利を適用するものです。

(7) 別段預金

別段預金は，銀行側から見ると「業務上発生する未決済または未整理の預金で，一時的な預り金」です。預金している側からは，株式払込金，配当金，社債の償還資金，社債利息の支払資金などの通常取引とは異なる一時的な資金を，通常の取引口座とは区分するための預金です。

(8) 納税準備預金

納税準備預金は，その名のとおり租税納付のために利用される預金で，払い戻しは原則として納税目的に限られます。

(9) 外貨預金

外貨預金は，米ドル，ユーロ，英国ポンドなどの外国通貨建ての預金です。外貨預金にも当座預金，普通預金，定期預金，貯蓄預金，通知預金があります。外国通貨建ての取引があり，外貨での入金，支払いのある企業で利用されます。一般的に海外の方が金利が高いため，余剰資金を運用するケースも考えられます。

(10) 郵便貯金

ゆうちょ銀行が扱うもので，通常貯金，通常貯蓄預金，定額貯金，定期貯金，などがあります。それぞれ，「貯金」を「預金」に読み替えたものに相当するものです。

(11) 郵便振替貯金

ゆうちょ銀行が扱うもので，一般の銀行の当座預金に相当するものです。受け取りや支払いに特化されており，当座預金同様，利息は付されません。

預金については，預金通帳，預金証書については現物管理をきちんと行うとともに，銀行印は，通帳等とは保管する金庫を分けるなど，別の場所に分けて保管することが必要です。また，月末，決算期末など一定期間ごとに銀行に残高を照会して，帳簿残高と相違がないかどうか，相違がある場合には，その原因を明らかにして把握しておく必要があります。さらには，不正が起きないように，随時に現物の確認，通帳，取引照合表，当座勘定照合表などによる入出金や残高のチェックなども必要になると思われます。

5．統制環境の整備

　現金や預金に関連した事故が起こらないようにするためには，担当業務を長年任せっきりにするのではなく，適時に担当業務のローテーションを行うことも重要です。同様に，横領や私消などが起きにくい環境として，夜間や休日に入退室記録を取れるような仕組み，さらには，社内通報制度を設けることも現金預金に関連した事故の防止及び発見に役立つと考えられます。

　このような制度や仕組みを整備することも重要ですが，社風そのものを不正が起こり難いように変えていくことも非常に重要と考えられます。不正を許さない，不正をさせない，不正を行ってもすぐに分かってしまう，そして不正を行うと厳しい制裁を受けるといった社風を会社のすみずみまで浸透させることは非常に効果的で有効な対策です。

　例えば，朝礼，社内報，イントラネットの掲示板などで繰り返し，繰り返し，会社の構成員の目に触れるようにすることだけでも効果を発揮するものと考えます。同様に，不正を起こさせないための従業員教育も有効と考えられます。

〈文中の注記〉
(注1)　現金預金に関連した主な不正には，次のものがあります。
　　　スキミング：現金の横領・着服の最も簡単なスキームで，現金が会社のレジ等を通して記録される前に抜き取るもの
　　　ラーセニー：会社の帳簿に記録された後の現金を窃取・窃盗したり，預金の横領など。架空仕入先を設けたり，仕入先と共謀して会社に不正な支払いをさせたりして会社の現金や預金を横領するという不正も考えられます。
(注2)　預金残高の重複操作のことを監査用語で，カイティング（Kiting）と呼びます。「凧揚げ」のように預金残高を高く見せかけることが語源であるといわれています。
　　　その具体的な手法ですが，決算期末日や月末近辺に小切手を振り出し，それを別の銀行の預金に預け入れます。いわゆる銀行間振替を行います。すると小切手を預け入れた口座では，預金残高が増加しますが，その小切手の決済には数日間かかるため，小切手を振り出した口座の残高は決済日まで減少しません。この振り出しと決済のタイミングのズレを利用して預金残高を重複させるものです。使い込みの隠ぺいなどにも用いられることがあります。

銀行残高の重複計上とは逆に，買掛金等の未払債務を帳簿上のみで支払ったことにするという不正操作も行われることがあります。カイティングが預金残高を水増しするものであるのに対して，こちらの操作は，現金や預金を私消してしまったことを隠蔽する，あるいは，負債を少なく見せかけるために債務の架空支払を帳簿上のみで行い，月末や期末，あるいは社内点検の時点での現金残高や預金残高に合わせる操作を行うものです。

(参考文献等)
・成田智弘・吉田健太郎共著『キーワードでわかる公認会計士監査』税務研究会出版局，2008年1月
・ジョセフ・T・ウェルズ著，八田進二・藤沼亜起監訳，日本公認不正検査士協会（ACFE JAPAN）翻訳『企業不正対策ハンドブック―防止と発見―第2版』平成21年4月，第一法規株式会社
・銀行経理問題研究会編『銀行経理の実務〔第5版〕』株式会社きんざい，平成8年8月8日
・社団法人　金融財政事情研究会編著『2011年度版　金融商品ガイドブック』株式会社きんざい，平成23年6月14日

（公認会計士　成田智弘）

2 有価証券

Q3 有価証券の購入手数料

有価証券を購入するときの手数料や消費税の取り扱いについて教えてください。

Point
・売買契約の認識の時期により会計処理が異なります。
・有価証券とそれに伴い発生した手数料で消費税の処理が異なります。

1．売買契約の認識の時期

有価証券を購入する際の認識については，以下の2つが認められています。

① 約定日基準

原則的には，約定日から受渡日までの期間が市場の規則又は慣行に従った通常の期間である場合，約定時に買手は有価証券の発生を認識します（「金融商品会計に関する実務指針」（以下，「実務指針」という）22項）。約定日基準においては，約定日に以下の会計処理を行います。

（借)有価証券　×××　　（貸)未払金　×××

ここで，受け渡しに係る通常の期間とは，原則として，上場有価証券については，証券取引所の定める約定日から受渡日までの日数など，金融商品の種類ごとに，かつ，市場又は取引慣行ごとに，通常受け渡しに要する日数をいいます。東証における株式等の普通取引に係る有価証券の受け渡しは，約定日から起算して4営業日となっています。

② 修正受渡日基準

　上述の約定日基準に代えて，保有目的区分ごとに買手は，約定日から受渡日までの時価の変動までを認識する修正受渡日基準によることができます。

　すなわち，買手は期中においては受渡日基準により処理を行い，決算日に約定済ですが未だ受渡未到来となっている購入取引については，約定日から期末日までの時価の変動による差額についてのみ，売買目的有価証券の場合は，当期の損益として計上し，その他有価証券については，その他有価証券評価差額金を純資産の部に計上します。修正受渡日基準を適用するためには，約定日から受渡日までの期間が市場の規則又は慣行に従った通常の期間であること及び市場取引，相対取引を問わず継続適用することが必要となります（実務指針235項）。

③　その他

　市場性のある有価証券について，約定日から受渡日までの期間が通常の期間よりも長い場合，通常の期間内に受け渡す有価証券の売買価格に，受渡日までの期間の金利等が反映された先渡価格が売買価格となるとともに，売手は，通常，受渡期限まで所有している当該有価証券の経済的便益を享受できるので，売買契約を買手も売手も先渡契約として約定時に認識し，決算日における未決済の先渡契約をデリバティブ取引として時価評価し，評価差額を損益計算書に計上します。ただし，当該先渡契約が，売手にとって売却対象である有価証券に関しヘッジ会計の要件を満たしている場合，また当該先渡契約が，買手にとって予定取引に係るヘッジ会計の要件を満たしている場合には，ヘッジ会計を適用します（実務指針236項）。

2．有価証券の取引認識時の測定

　有価証券の取引については，取引時点の時価を基準に測定します。そして，有価証券の取得時における付随費用（支払手数料等）は，取得した有価証券の取得価額に含めます。ただし，経常的に発生する費用で，有価証券との対応関係が明確でない付随費用は，取得価額に含めないことができます。期末又は保

有目的区分を変更する時点で保有している有価証券を時価評価する場合，その時価には取得又は売却に要する付随費用を含めないこととなります（実務指針56項）。

また企業買収を行う際に，直接要した支出額のうち，取得の対価性が認められる外部のアドバイザリー等に支払った特定の報酬・手数料等は取得原価に含め，それ以外の支出額は発生年度の事業年度の費用として処理します（企業結合会計基準26項）。

この際に，デュー・デリジェンス費用を費用計上するか有価証券の取得価額に含めるかの判断が，実務上問題となる場合が考えられます。一般的には，投資するかどうかを意思決定する前の検討段階でのデュー・デリジェンス費用は，取得価額には含めないこととなります。これに対して，株式公開買付け・買収・投資の意思決定後（取締役会決議後等）での取引価額をいくらにするかという査定段階での詳細なデュー・デリジェンス費用は，取得価額に含めることとなります。

3．消費税の取り扱い

有価証券等の譲渡については，消費の対象となるものではなく，資本の移転に過ぎないという理由から非課税とされています。ただし，有価証券の売買に伴い収受する売買手数料については課税がなされます。

したがって，会計処理は以下のように，売買手数料部分についてのみ課税がなされることとなります。

(例) 有価証券1,000,000円の株式を購入するに際し，売買手数料が1,000円生じた。

（借）有 価 証 券　1,000,000	（貸）未　払　金　1,000,000	
（借）有 価 証 券　　　 1,000	（貸）未　払　金　　　 1,000	
（借）仮払消費税等　　　　 50	（貸）未　払　金　　　　 50	

(参考文献等)
・金融商品会計に関する実務指針
・企業結合に関する会計基準
・あずさ監査法人編『金融商品会計の実務〔第3版〕』東洋経済新報社，2006年10月

(公認会計士　中西祐介)

Q4 有価証券の貸し付け，借り入れ

有価証券の貸し付け，借り入れ，差し入れなどは，実際に行われることがあるのでしょうか。

Point

・有価証券の賃借契約の分類及びそれに伴う会計処理が異なります。
・事例として，主に証券，商品先物取引業等の金融業が行っています。

1．概　　要

　有価証券の貸借契約は，使用貸借契約，賃貸借契約，消費貸借契約の3種類に分類されます。有価証券の賃借契約のうち使用貸借・賃貸借は，借手にとって借り入れた有価証券と同一銘柄，同一証券（証券番号も同一）のものを返還することを約する契約であるため，通常，借手は売却できませんが，担保差し入れ，再使用貸借又は再賃貸借はできます。

　一方，消費貸借は，借手にとって借り入れた有価証券と同一銘柄，同一グループに属するもの（証券番号は違っていてもよい）を同量返還することを約する契約であるため，法律上は譲渡と解されています（「金融商品会計に関する実務指針」（以下，「実務指針」という）277項）。

2．有価証券の消費貸借契約

①　貸　　手

　有価証券の消費貸借契約及び消費寄託契約（以下，「消費貸借契約等」という）は，借手が有価証券を売却又は担保という方法で自由に処分できる権利を有するため，貸手は，その旨及び貸借対照表価額を注記します（実務指針27項）。

　債券に係る消費貸借契約等で，返済条件が償還日に額面に相当する額を現金をもって返済するとされているときには，貸手は債券の消滅の認識を行います

（実務指針77項）。

　② 借　　　手

　借手は借り入れた有価証券について自由処分権を有するので，その旨及び貸借対照表日の時価を注記します。この場合，有価証券の借手は，注記の対象となったものについては，自己所有部分と担保差入部分とに区分して注記する必要があります（実務指針27項）。ただし，借り入れ又はその約定をした有価証券を売却したときは，約定日基準又は修正受渡日基準のうち，有価証券の売買契約の認識基準として採用する基準により受け入れ及び売却処理を行い，返還義務を時価で負債として認識しなければなりません。なお，当該返還義務については，その旨及び時価の注記を行いません（実務指針27項）。

　債券に係る消費貸借契約等で，返済条件が償還日に額面に相当する額を，現金をもって返済するとされているときには，貸手は債券の消滅の認識を行うため，借手は債券の取得を認識して時価で計上するとともに，現金による返済義務を当該時価で未払計上する必要が生じます。この結果生じる，受け入れた債券の取得時の時価と額面との差額については，償却原価法により，債券の取得日から償還日に至るまで毎期一定の方法で償却します。

　借手は，再借手に売却又は担保という方法で自由に処分できる権利を付与する債券の貸し付けを行った場合，貸し付けている旨及び貸借対照表価額を注記により開示します。

　また借手が，借り入れた有価証券を，空売りした有価証券の引き渡しに充当する場合は，それを資産として認識し，同時に返還義務を時価で負債として認識した上で，充当時における借り入れた有価証券の時価額を売付有価証券の帳簿価額と相殺し，差額を当期の純損益に計上します（実務指針77項）。

3．有価証券の使用貸借契約・賃貸借契約

　使用賃借契約，賃貸借契約については，通常，借手は売却できませんが，担保差し入れ，再使用貸借又は再賃貸借はできます。そのため，担保差し入れ等という自由処分権がある旨及び貸借対照表日の時価の注記が必要です。また，

貸手は担保差入有価証券について開示する必要があります。

4. 自由処分権を有する担保受入有価証券の認識

金融機関からの融資等に関連し、貸手が金融資産を担保として受け渡しを受け、売却又は再担保という方法で、自由に処分できる権利を有する場合には、貸手はその旨及び貸借対照表の時価を注記します（実務指針28項）。ただし、貸手は担保受け入れ又はその約定をした担保受入金融資産を売却したときは、約定日基準又は修正受渡日基準のうち、売買の認識基準として採用する基準により、担保受入金融資産の時価での受け入れ及び売却処理を行い、返還義務を負債として認識しなければなりません。また、貸手が、担保受入金融資産である有価証券を空売りした有価証券の引き渡しに充当する場合は、上記と同様にいったん受入処理を行った上で、担保受入有価証券を売付有価証券と相殺し、差額を当期の純損益に計上します。

借手（担保差入者）は、当該担保差入金融資産の使用を拘束されることとなるため、その旨及び貸借対照表価額を注記します。

5. 信用取引

有価証券の貸し付け、借り入れを行っている業種の一つとして証券業があります。株に興味のある方々はご存知かと思いますが、証券会社を通じて投資家は信用取引を行うことができます。

信用取引は、投資家が証券会社に一定の保証金（委託保証金）を担保として差し入れ、証券会社から株式の購入資金や売付け株券を借り入れて株式を売買する取引です。この制度によって手持ち資金を上回る金額の銘柄を買ったり、保有していない株券を売ったりすることができ、売買取引に厚みを持たせ、株式の円滑な流通や適正な価格形成に寄与しています。

各証券会社の株式売買高に占める信用取引売買高の割合は、その規模、営業方針等によってかなりの差はあるものの、総体的にみると各証券会社の経営及び貸借対照表の中で、重要な位置を占めているといわれています。

また，証券会社が信用取引を行うにあたっては，証券金融会社が重要な役割を担っています。証券金融会社とは，証券会社に対して信用取引の決済に必要な金銭や有価証券の貸付業務を行うこと（貸借取引）を主要業務とする金融機関です。

顧客は信用取引を行うにあたり，証券会社に保証金を差し入れる必要があります。現金の代わりに有価証券で代用することもできますが，その場合には会計処理は生じません。ただし以下の注記が必要となります。

差し入れている有価証券等の時価額（貸借対照表注記）	
差入保証金代用有価証券（対証券金融会社）	×××
差し入れを受けている有価証券等の時価額（貸借対照表注記）	
受入保証金代用有価証券（対顧客）	×××

なお，信用取引により発生する金融収益及び金融費用は，原則として日割り計算により期間損益が計算されます。

① 信用取引による顧客の買い付け

顧客が信用取引によって有価証券を買い付ける場合，証券会社にとっては顧客に対して資金の貸し付けを行うことになります。資金の貸し付けにより，証券会社は顧客から利息を受け取ります。

（自己融資を行った場合）

（借）信用取引貸付金	×××	（貸）現　金　預　金	×××
（借）現金預金又は顧客からの預り金	×××	（貸）信 用 取 引 収 益	×××

この場合，顧客の買付株券については，顧客から貸付金の返済を受けるまでの間は証券会社に担保として差し入れられることになります（本担保株券と呼ばれます）。

なお，顧客が信用取引により株式の買い付けを行う場合，証券会社は証券金融会社から当該買付代金相当額の融資を受けることがあります。この融資額は，

第2章　勘定科目ごとのQ&A

23

顧客の信用取引に係る有価証券の買付代金に充当されることになります。融資を受けることにより，証券会社は証券金融会社に対して利息を支払います。

（証券金融会社から借り入れた場合）

| （借）現　金　預　金 | ×××　 | （貸）信用取引借入金 | ××× |
| （借）信用取引費用 | ×××　 | （貸）現　金　預　金 | ××× |

この際，貸借対照表注記に以下の記載が必要となります。

差し入れている有価証券等の時価額（貸借対照表注記）	
信用取引借入金の本担保証券（対証券金融会社）	×××
差し入れを受けている有価証券等の時価額（貸借対照表注記）	
信用取引貸付金の本担保証券（対顧客）	×××

② 信用取引による顧客の売り付け

顧客が信用取引によって有価証券を売り付ける場合，証券会社は顧客に該当有価証券を貸し付ける一方，それと同時に顧客は借り入れた有価証券を売却し，売却代金を証券会社へ貸株の担保金として差し入れることになります。つまり，証券会社から見た場合，顧客に対して株式を貸し付け，担保金を受け取ったことになります。その結果，証券会社は顧客から品貸料を受け取り，担保金に対する金利を支払います。

（自己貸株を行った場合）

（借）現　金　預　金	×××	（貸）信用取引貸証券受入金	×××
（借）現金預金又は顧客からの預り金	×××	（貸）信用取引費用（品　貸　料）	×××
（借）信用取引費用（支　払　利　息）	×××	（貸）現金預金又は顧客からの預り金	×××

なお，顧客が信用取引により株式の売り付けを行う場合，証券会社は証券金融会社から当該売付け銘柄の貸株を受けることがあります。この借入株式は，顧客の信用取引に係る有価証券の売り付けに充当されることになります。つまり，証券会社から見た場合，証券金融会社から貸株を受け，信用売りを行った顧客から受け入れた担保金相当額を，担保金として証券金融会社に差し入れたことになります。その結果，証券会社は証券金融会社に対して品借料を支払い，担保金に対する金利を受け取ります。

（証券金融会社から株式を借り入れた場合）

（借）	信用取引借証券担保金	×××	（貸）	現金預金	×××
（借）	信用取引費用（品借料）	×××	（貸）	現金預金	×××
（借）	現金預金	×××	（貸）	信用取引収益（受取利息）	×××

この際，貸借対照表注記に以下の記載が必要となります。

差し入れている有価証券等の時価額	
信用取引貸証券（対証券金融会社）	×××
差し入れを受けている有価証券等の時価額	
信用取引借証券（対顧客）	×××

（参考文献等）
・金融商品会計に関する実務指針
・新日本有限責任監査法人　証券業研究会　木村嘉浩・本間正彦『委託売買（ブローカー）業務について』

（公認会計士　中西祐介）

Q5　有価証券の減損

有価証券の減損はどのように行われるのでしょうか。また，各会社ではどのようなルールに従って減損の判定を行っているのでしょうか。

Point

・金融商品会計基準に従って行われます。
・有価証券の減損処理の要否は「著しい下落の判定」と「回復可能性の判定」に従って決まります。
・各々の会社で回復可能性に関する規程を策定し，それに従って判断します。

1．有価証券の期末評価

「金融商品に関する会計基準」(以下，「基準」という) では，原則として有価証券を含む金融資産について，一般に取引市場が存在すること等により客観的な時価を把握することができるとするとともに，時価による自由な換金，決済等が可能なため，これを時価で評価し，適切に財務諸表に反映する必要があります。

有価証券については，その属性及び保有目的に鑑み，実質的に価格変動リスクが認められない場合や，売買・換金を行うことが事業の遂行上から制約されることも考えられることから，時価評価を基本としながらも以下の4つの保有目的に応じて，期末の評価方法が異なります。

(1) 売買目的有価証券

売買目的有価証券とは，時価の変動により利益を得ることを目的として保有する有価証券，すなわちトレーディング目的の有価証券をいいます。これにつ

いては，投資者にとっての有用な情報及び企業にとっての財務活動の成果は，有価証券の期末時点での時価に求められると考えられるため，時価をもって貸借対照表価額とします。また売却することについて事業遂行上等の制約等がないと認められることから，評価差額を当期の損益として処理します。

①　評価益の場合

(借) 売買目的有価証券	×××	(貸) 有価証券評価損益	×××

②　評価損の場合

(借) 有価証券評価損益	×××	(貸) 売買目的有価証券	×××

(2) 満期保有目的の債券

満期保有目的の債券とは，満期まで所有する意図をもって保有する社債その他の債券であり，原則として償却原価法に基づいて算定された価額をもって貸借対照表価額とします（基準16項）。これについては，時価が算定できるものであっても，満期まで保有することによる約定利息及び元本の受け取りを目的としており，満期までの間の金利変動による価格変動リスクを認める必要があるためです。

①　償却原価法を適用しない場合

仕訳なし

②　償却原価法を適用する場合

(借) 満期保有目的債券	×××	(貸) 有価証券利息	×××

(3) 子会社株式及び関連会社株式

子会社株式及び関連会社株式とは，他企業の支配又は影響力の行使を目的として保有する株式であり，事業投資と同じく時価の変動を財務活動の成果と捉

えないことから取得原価をもって貸借対照表価額とします（基準17項）。

(4) その他有価証券

その他有価証券とは売買目的有価証券，満期保有目的の債券，子会社株式及び関連会社株式以外の有価証券であり，時価をもって貸借対照表価額とし，評価差額は洗替方式に基づき，以下のいずれかの方法により処理します。

① 全部純資産直入法

時価の変動は投資者にとって有用な投資情報ですが，事業遂行上等の必要性から直ちに売買・換金を行うことには制約を伴う要素もあり，評価差額を直ちに当期の損益として処理することは適切でないため，評価差額の合計額を純資産の部に計上する方法です。

(借) 投資有価証券	×××	(貸) その他有価証券評価差額金	×××

② 部分純資産直入法（評価差益は純資産の部へ，評価差損は当期の損失とする方法）

評価差益の場合，時価評価を行ったものの評価差額は，上記①の考え方に基づき，当期の損益として処理しませんが，評価差損の場合は保守主義の観点から，当期の損失とする方法です。

(i) 評価差益の場合

(借) 投資有価証券	×××	(貸) その他有価証券評価差額金	×××

(ii) 評価差損の場合

(借) 投資有価証券評価損	×××	(貸) 投資有価証券	×××

(5) 時価を把握することが極めて困難と認められる有価証券

時価を把握することが極めて困難と認められる有価証券の貸借対照表価額は，以下の方法となります。

① 社債その他の債券については，債権の貸借対照表価額に準じます。
② 社債その他の債券以外の有価証券は取得原価をもって貸借対照表価額とします。

2．有価証券の減損

　有価証券の減損処理とは，回復可能性の認められない時価の著しい下落又は実質価額の著しい低下があった場合に，その時価又は実質価額をもって貸借対照表価額とし，評価差額を当期の損失として計上する方法をいいます。有価証券の減損処理の要否を判定するためには，「著しい下落の判定」と「回復可能性の判定」という2つの判定の過程があります。

　減損処理の対象は，「時価のある有価証券」と「時価を把握することが極めて困難な有価証券」があるため，以下2つに分類して説明することとします。

3．時価のある有価証券の減損

(1) 概　　要

　売買目的有価証券以外の有価証券（子会社株式及び関連会社株式を含む）のうち時価のあるものについて，①時価が著しく下落し，かつ，②回復する見込みがあると認められない場合，当該時価をもって貸借対照表価額とし，評価差額を当期の損失として処理しなければなりません。なお，その他有価証券については，減損処理の基礎となった時価により帳簿価額を付け替えて取得原価を修正し，以後，当該修正後の取得原価と毎期末の時価とを比較して評価差額を算定することになります（「金融商品会計に関する実務指針」（以下，「実務指針」という）91項）。

(借) 投資有価証券評価損	×××	(貸) 投資有価証券	×××

　以下では時価の下落率の程度によって，減損処理の適用対象について説明することとします。

(2) 時価の下落率が50％程度又はそれ以上の場合

個々の銘柄の有価証券の時価が取得原価に比較して，50％程度又はそれ以上下落した場合，合理的な反証がない限り，時価が取得原価まで回復する見込みがあるとは認められないため，減損処理を行わなければなりません。

(3) 時価の下落率が30％以上50％未満の場合
① 判定対象

個々の銘柄の有価証券の時価が取得原価に比較して，50％程度を下回る下落率であっても，状況によっては時価の回復可能性がないとして減損処理を要する場合があることから，時価の著しい下落があったものとして，回復可能性の判定の対象とされることもあります。この場合，時価の著しい下落率についての固定的な数値基準を定めることはできないため，状況に応じ個々の企業において時価が「著しく下落した」と判定するための合理的な基準を設け，当該基準に基づき回復可能性の判定の対象とするかどうかを判断するものとしています（実務指針284項）。すなわち回復可能性の判定対象は，個々の銘柄の有価証券の時価が「著しく下落したか否か」により判定することとします。

② 判断基準

時価の下落について「回復する見込みがある」と認められるときとは，株式の場合，時価の下落が一時的なものであり，期末日後おおむね１年以内に時価が取得原価にほぼ近い水準にまで回復する見込みのあることを，合理的な根拠をもって予測できる場合をいいます。この場合の合理的な根拠は，個別銘柄ごとに，株式の取得時点，期末日，期末日後における市場価格の推移及び市場環境の動向，最高値・最安値と購入価格との乖離状況，発行会社の業況等の推移等，時価下落の内的・外的要因を総合的に勘案して検討することが必要です。例えば，保有株式についての時価の下落が，特定の銘柄について，対象会社固有の要因や当該会社が属する業界や地域などに特有の要因で変動が生じているものであれば，個別に回復可能性の判定を行うべきですが，短期的な景気循環や市場における金利や為替等の諸要因の変動によって，おおむね株式市場全体

について生じている場合などで，固有の変動要因等がない銘柄については回復する見込みがあると通常は判断できるとされています（実務指針284項）。ただし，株式の時価が過去２年間にわたり著しく下落した状態にある場合や，株式の発行会社が債務超過の状態にある場合又は２期連続で損失を計上しており，翌期もそのように予想される場合には，通常は回復する見込みがあるとは認められません。

債券の場合は，単に一般市場金利の大幅な上昇によって時価が著しく下落した場合であっても，いずれ時価の下落が解消すると見込まれるときは，回復する可能性があるものと認められますが，格付けの著しい低下があった場合や，債券の発行会社が債務超過や連続して赤字決算の状態にある場合など，信用リスクの増大に起因して時価が著しく下落した場合には，通常は回復する見込みがあるとは認められません（実務指針91項）。

(4) 時価の下落率が30％未満の場合

個々の銘柄の有価証券の時価の下落率がおおむね30％未満の場合には，一般的には「著しく下落した」ときに該当しないものと考えられます。その程度の下落率は発行会社の業績の悪化ではなく市場要因などによって生ずることがあり，したがって，容易に時価が取得原価の水準にまで回復することがあると考えられるからです。しかしながら，たとえ30％未満の下落率であっても，発行会社の業績の悪化や信用リスクの増大などによって生ずることもあるため，30％未満の下落率を合理的な基準として設定することを妨げないこととなっています（実務指針284項）。

4．時価を把握することが極めて困難な有価証券の減損

時価を把握することが極めて困難と認められる株式は取得原価をもって貸借対照表価額とするとされています（基準19項(2)）が，当該株式の発行会社の財政状態の悪化により実質価額が著しく低下したときは，相当の減額を行い，評価差額は当期の損失として処理（減損処理）しなければなりません（基準21項）。

時価を把握することが極めて困難と認められる株式の実質価額が「著しく低下したとき」とは，少なくとも株式の実質価額が取得原価に比べて50％程度以上低下した場合をいう。ただし，時価を把握することが極めて困難と認められる株式の実質価額について，回復可能性が十分な証拠によって裏付けられる場合には，期末において相当の減額をしないことも認められます。

　時価を把握することが極めて困難と認められる株式の実質価額の算定の基礎となる発行会社の財政状態を算定するにあたっては，発行会社の財務諸表を無条件に使用するのではなく，原則として，資産等の時価評価に基づく評価差額等を加味して算定するものとしています。これは，時価評価に基づくより実態に近い財政状態を算定した上で，その悪化についての判定を行うという趣旨があるからです。したがって，発行会社の財務諸表において資産等の時価評価が行われていない場合には，時価評価のための資料が合理的に入手可能である限り，それに基づいて財務諸表を修正する必要があります。

　なお，時価を把握することが極めて困難と認められる株式であっても，子会社や関連会社等（特定のプロジェクトのために設立された会社を含む）の株式については，実質価額が著しく低下したとしても，事業計画等を入手して回復可能性を判定できることもあるため，回復可能性が十分な証拠によって裏付けられる場合には，期末において相当の減額をしないことも認められます。ただし，事業計画等は実行可能で合理的なものでなければならず，回復可能性の判定は，特定のプロジェクトのために設立された会社で，当初の事業計画等において，開業当初の累積損失が5年を超えた期間経過後に解消されることが合理的に見込まれる場合を除き，おおむね5年以内に回復すると見込まれる金額を上限として行うものとしています。また，回復可能性は毎期見直すことが必要であり，その後の実績が事業計画等を下回った場合など，事業計画等に基づく業績回復が予定どおり進まないことが判明したときは，その期末において減損処理の要否を検討しなければなりません。

5．時価のない債券の減損処理

　時価のない債券については，償却原価法を適用した上で，債券に対する貸倒見積高の算定方法に準じて信用リスクに応じた償還不能見積高を算定し，会計処理を行います。なお，償還不能見積高の算定は，原則として，個別の債券ごとに行うものとされています。

（参考文献等）
・金融商品に関する会計基準
・金融商品会計に関する実務指針
・あずさ監査法人編『金融商品会計の実務〔第3版〕』東洋経済新報社，2006年10月

（公認会計士　中西祐介）

3 売掛金, 完成工事未収入金, 営業未収入金など

Q6 売掛金の決算手続

売掛金の決算手続で, 簿記では習わないような手続きはありますか。あれば教えてください。

Point

売掛金の決算手続では, 次に示す事項が重要です。
・残高明細表及び勘定内訳書の作成
・得意先との残高確認
・残高確認の差異調整
・売掛金の年齢調べ
・売掛金の評価と回収可能性の検討
・表示上の区分及び注記事項

1．残高明細表及び勘定内訳書の作成

　決算では, 会計監査や税務申告書の作成のために, 各勘定ごとの明細書を作成します。売掛金は, その中でも重要な科目ですので, その明細書の作成は重要です。具体的には, 簿記2級で学習した得意先元帳の残高をもとにして, 各得意先の明細表を作成します。

　簿記では, 得意先に商品等を売り上げ, 売掛金と売上の計上を習いました。売掛金は, 得意先ごとの補助元帳に記帳され, 得意先ごとに残高を把握できるようになっています。請求は, 売上ごとに行われることもありますが, 継続的な取引を行う場合には, 一般的に毎月の締め日を決めておいて, 締め日が来ると各得意先に請求を行います。請求が行われると, 売掛金が得意先元帳に計上

されます。支払期限が到来すると得意先から入金されます。入金があると，得意先元帳から売掛金が消し込まれます。この一連の作業がきちんとできていれば，決算に際しても売掛金の得意先ごとの明細表は簡単に作成できます。

2．得意先ごとの残高確認

しかし，実際には，大きな会社では，得意先に支店が複数あったり，製品により事業部が分かれていて，同じ会社名でも部署が分かれていたりするので，請求先と入金先が異なる場合もあり，売掛金の入金消し込み作業は容易ではありません。そのため，できれば，毎月ごと，又は数か月ごと，少なくとも決算ごとには，得意先と連絡を取り合い，債権債務の残高を合わせていく作業が必要です。これは，電話連絡でもFAXでも構いませんが，一般的には，間違いがないように書面による残高確認書を送付して回答して頂くという作業が一般的です。

3．残高の差異調整

それでは，相手先に残高の確認を求めれば，それで終わりでしょうか。実際には，こちら側の残高と得意先の残高は，なかなか一致しません。その理由は，①締め日と決算日がずれていて集計期間が異なる場合，②当社の売上計上基準と得意先の仕入等の計上基準が異なる場合，③何らかの誤謬等がある場合，などが考えられます。

①は，通常，請求書の締め日は，月末だけではなく，15日締め，20日締め，25日締め等複数あり，決算日（通常月末）とは異なることが多いので，決算月の売上高及び売掛金は，締め日後決算日までの期間の額を調整して計上するので，得意先との残高が異なってしまう場合が多くなります。

②は，売上計上基準は，販売基準をとることが多く，販売した時，すなわち，出荷した時点で売り上げにすることが一般的です。一方で，得意先では，納品後，検収を行ってから，仕入計上や，経費又は固定資産として計上を行います。得意先からすると，受け入れる物によって，必ずしも仕入れになるとは限らず，

経費や固定資産になる場合も多いということを知っておくことも大切です。得意先の社内での処理のタイミングのずれなどもあり，一致しないことも多くあります。

③は，人の行うことなので，売上の二重計上，価格訂正・売上値引・戻りの未処理，消し込み間違いなど，処理の間違いや漏れなどの発生もあります。決算時にはこれらの誤謬がないかどうかの総点検も，重要な作業の一つです。

4．回収可能性の検討

簿記の勉強では，貸倒損失の場合や貸倒引当金を計上する場合の処理については学びましたが，実務では，売掛金の回収可能性は，自ら検討を行って，①正常債権，②貸倒懸念債権，③回収不能債権に区分して，それぞれに対して処理を行う必要があります。

貸倒損失（Q7参照）や貸倒引当金（Q7，Q15参照）の詳細については，次項以降をご参照ください。

5．子会社・関係会社の売掛金，外貨建て売掛金の区分

財務諸表の表示上，子会社又は関係会社に対する売掛金は，区分掲記するか注記によって開示する必要があります。また，重要な外貨建ての売掛金も注記にて外貨額を注記する必要があります。これらの売掛金の残高をきちんと把握し，適正に開示できるようにすることが必要です。

（公認会計士　吉井敏昭）

Q7 売掛金の貸し倒れ

売掛金が貸し倒れた場合には,どのような処理が必要でしょうか。

Point

- 金銭債権が切り捨てられた場合には,その事実が生じた事業年度で損金処理をします。
- 金銭債権の全額が回収不能となった場合には,その事実が生じた事業年度で損金処理をします。
- 担保物件がある場合には,担保物件を処分した後でなければ損金処理できません。
- 一定期間の取引停止後弁済がない場合には,その売掛債権の額から備忘記録を控除した残額を貸し倒れとして損金処理をすることができます。
- 連帯保証人がいる場合の貸し倒れの判断は,その連帯保証人等の資産状況等を勘案して,その貸付金が回収不能かどうかの判断をすることになります。
- 会計上と税務上の貸し倒れの処理の違いを理解します。

1.金銭債権が切り捨てられた場合

次に掲げるような事実に基づいて切り捨てられる金額は,その事実が生じた事業年度の損金の額に算入されます。

① 会社更生法,金融機関等の更生手続の特例等に関する法律,会社法,民事再生法の規定により切り捨てられる金額

② 法令の規定による整理手続によらない債権者集会の協議決定及び行政機関や金融機関などのあっせんによる協議で,合理的な基準によって切り捨てられる金額

③　債権者の債務超過の状態が相当期間継続し，その金銭債権の弁済を受けることができない場合に，その債務者に対して，書面で明らかにした債務免除額

２．金銭債権の全額が回収不能となった場合

　債務者の資産状況，支払能力からその全額が回収できないことが明らかな場合は，その明らかになった事業年度において貸し倒れとして損金処理することができます。ただし，担保物がある時は，その担保物を処分した後でなければ損金処理はできません。

３．一定期間取引停止後弁済がない場合等

　次に掲げる事実が発生した場合には，その債務者に対する売掛債権（貸付金などは含みません）について，その売掛債権の額から備忘記録を控除した残額を貸し倒れとして損金処理をすることができます（「法人税基本通達」（以下，「法基通」という）９－６－３）。

①　継続的な取引を行っていた債務者の資産状況，支払能力等が悪化したため，その債務者との取引を停止した場合において，その取引停止の時と最後の弁済の時などのうち，最も遅い時から１年以上経過した場合。ただし，その売掛債権について担保物がある場合は除きます。

②　同一地域の債務者に対する売掛債権の総額が取立費用より少なく，支払いを督促しても弁済がない場合

４．連帯保証人がいる場合の貸し倒れの判断

　連帯保証人がいる場合には，その連帯保証人は，その債務の返済に関しては債務者と同等の立場にあると考えられることから，その連帯保証人等の資産状況，支払能力等を勘案して，その貸付金が回収不能かどうかの判断をすることになります（法基通９－６－２）。

5．会計上と税務上の処理の違い

　会計上の手続きと税務上の手続きは異なる場合があるので，その点の違いを理解する必要があります。

　会計上は，回収可能性のない売掛金に対して貸し倒れ処理を行いますが，その判断は，過去の実績や得意先の状況，また，決算日後から決算処理をしている期間の状況の変化も取り込んで総合的に判断する必要がありますので，画一的に決まるものではありません。

　税務上は，回収可能性のない売掛金に対して貸し倒れ処理を行う点については同様ですが，画一的に処理を行うために，貸し倒れ処理が認められる要件を明確に規定しています。したがって，一般的に会計上よりも認められる事例が狭くなる場合が多いので注意が必要です。また，法定要件を満たした貸倒処理の場合は，消費税の控除が認められるなど，税務との関係を無視して処理することは実務の実態に合わない場合が多いので，中小企業では，会計も税務に合わせて法定要件を満たしたものを貸倒処理し，まだ法定要件を満たさない場合には，貸倒引当金を積み増すことで対応することが一般的です。一方，上場しているような大企業やその子会社では，上記の処理の他，会計上の貸倒処理を優先し，法定要件を満たしていない貸倒処理金額を法人税申告書で加算処理して調整することも一般的に行われています。

　貸倒引当金とは，貸し倒れに備えて売掛金の控除項目として設定される引当金をいいます。貸倒引当金の見積方法も，会計上と税務上で設定の仕方が異なりますので注意が必要です。上場しているような大企業やその子会社では，会計上の処理を優先し，会計上の見積額で貸倒引当金を設定し，税務上で計算される貸倒引当金の限度額を超過する場合には，法人税申告書で加算処理をして調整します。

（公認会計士　吉井敏昭）

Q8 売掛金の回収

売掛金の回収について留意すべき事項を分かりやすく教えてください。

Point
- 取引先の信用調査と与信管理が大切です。
- 債権保全の確保が大切です。
- 請求業務の迅速化が大切です。
- 入金管理の徹底が大切です。
- 遅延した場合の対処方法

1．売掛金の回収の大切さ

　売掛金が回収できないと，その売り上げの100％が貸倒損失となってしまいます。売上総利益率20％の会社ならば，その損失を穴埋めするためには，貸し倒れた売掛金の5倍の売り上げを上げないと挽回できません。売上総利益率10％ならば，10倍の売り上げを上げることが必要になります。不景気が長く続く現在の状況では，売り上げを伸ばすことは大変な努力を要します。売掛金の回収管理が大切であるという所以です。極力，売上債権が貸し倒れにならないように速やかに回収できるよう管理を徹底することが大切といえます。

2．取引先の信用調査と与信管理

　それでは，売掛金の回収の管理を行うには，どうしたら良いでしょうか。

(1) 取引先の信用調査と与信管理

　信用調査とは，調査機関や各種データを活用して，取引先が健全な会社であるかどうかなどの信用状況を調査することをいいます。営業部がせっかく見つ

けてきた新規の取引先でも，最終的に債権を回収できないような会社では，大きな損失を被るおそれもあるので，慎重に行う必要があります。各種調査機関に依頼すると費用もかかるので，取引規模を考慮し，個別調査を行う場合，既存のデータから検証を行う場合など，臨機応変に行うことも肝要です。

　与信管理とは，得意先に対する信用取引，すなわち，売掛金による販売をいくらまで認めるかということです。取引先の信用調査の結果を踏まえ，どれ位までならば，信用取引ができるかを決める必要があります。

　このように，入り口で得意先を選別することが売掛金の回収を確実にするための第一歩といえます。また，取引を継続する間に信用が増せば，与信枠を増やしたり，また，得意先の経営状態が良くないなどの情報を得た時には，与信枠を下げるなど，一度決めたらそのままにして置かず，与信枠を見直すことも大切です。最初は，売掛金の回収期間も短めに設定して売掛金が溜まらないようにすることも大切といえます。

(2) 早期の請求作業

　売掛金を早期にきちんと回収するには，きちんと請求作業を行うことが大前提です。売上計上を行ったら，締め日に基づいて，早期に請求を行うことです。請求する前に得意先が倒産したという最悪の事態も考えられますので，速やかに請求作業を行うことを心がけてください。請求作業をきちんと行っていないと，相手先との残高確認を行うこともできず，債権残高の適正性の検証も行えません。

3．債権保全の確保

　信用調査の結果を踏まえ，相手の信用状況を把握することができたら，その信用状況に応じて，あらかじめ債権保全の確保を考えて手を打っておく必要があります。

(1) 取引基本契約書の取り交わし

　取引基本契約書を作成し，支払期日，遅延利息や損害賠償金，解約条件等を明文化しておくことが大切です。海外と違い，昔からお互いの信頼関係を大切にする日本では，契約書を交わし，取引条件を明文化することは馴染まないといわれますが，後になって，支払いが滞った場合には，重要な証拠となり，ある場合とない場合では，債権者側の挙証する負担が大きく変わってくるので，取引条件の明文化はするべきです。

(2) 担保物件や根抵当権の設定

　信用状況に多少なりとも不安のある会社とは，取引を行わないことが一番安全ですが，そうはいっても，この不景気の状況で受注を断ってばかりでは仕事は続きません。その場合には，あらかじめ，担保となる物件を確保したり，根抵当権を設定して，債権の保全を行うべきです。

(3) 連帯保証人

　連帯保証人は，債務者と同等に債務を連帯して保証する者をいいます。取引先が会社の場合には，社長個人に連帯保証人になってもらうというのも一つの方法です。

(4) 取引保証金の入手

　信用状況が低い場合には，一定金額の取引保証金を差し入れてもらうという方法もあります。先に金銭で一定額を入金してもらっていれば，債権保全のためには強力です。

(5) 相殺債務の確保

　取引先から別途，仕入を行っていたり，役務提供を受けている場合には，債務が発生しますが，その債務と売上債権とを相殺できるように確保しておくことも債権保全のためには大切です。ただし，債権債務をいきなり相殺すること

は，商慣習上では望ましくないので，きちんと取引基本契約書の中で，支払遅延等を起こしたなどの一定の要件を満たした場合には，債権と債務を相殺できることを明記しておくこともトラブル回避のためには重要です。

4．請求業務の迅速化

　基本的なことですが，販売又は役務提供を行った場合には，取引条件の締め日に従って，速やかに請求業務を行うことが大切です。当たり前の話ですが，請求業務を行わないと，いつまで待っても入金がないということになりかねません。また，請求が遅延すると先方の締め日の関係で，さらに入金が先送りになり，取引先によっては，ペナルティとして値引きを要求してきたり，分割払いを要求してくる場合も考えられるので，取引基本契約書で取り交わしたルールに則り，迅速な請求業務を行うことが大切です。

5．入金管理の徹底

　これも基本的なことですが，毎月，得意先ごとの残高をチェックし，きちんと入金がされているか，また，消し込みに誤りがないかどうか，差異がある場合には，価格訂正，売上値引き，売上割戻し等がないかどうかをチェックする必要があります。定期的な得意先との残高チェックは，お互いの債権債務の管理のためにも重要です。相手先も頻繁に連絡を取っていれば，何か間違いがあった場合でも迅速に対応してくれることを期待できますので，ぜひ行ってください。早期の対応が，確実な回収に役立つといえます。

6．遅延した場合の対処方法

　それでも売上債権が滞留してしまったらどうしたら良いでしょうか。以下のような方法が考えられますが，まずは，債権者側に挙証責任があるので，取引基本契約書と請求書を用意し，相手先と辛抱強く話し合い，交渉することが大切です。継続的な取引を断念し，専門家の弁護士等に相談し，アドバイスを頂き，場合によっては，代わりに交渉して頂くことも一つの方法です。債権回収

のみを優先するのであるならば，裁判にかけるというのも最終手段としては有効といえます。

① 話し合い・交渉をする
② 弁護士に依頼して交渉する
③ 内容証明郵便で請求する
④ 簡易裁判所に調停を申し立てる
⑤ 得意先の債権に対して仮差し押さえを行う

（公認会計士　吉井敏昭）

Q9 営業未収入金

売掛金の代わりに完成工事未収入金，営業未収入金などの勘定科目を使っている会社がありますが，どのような会社で，なぜ，このような科目を用いているのでしょうか。

Point

- 売掛金は，一般的には営業活動における物品の販売又は役務提供の信用取引から生じる債権で，未収入金は主たる営業活動以外の信用取引から生じる債権というのが一般的です。
- 特別法で規制される建設業等の業種では，売掛金の代わりに別途，完成工事未収入金を使うことが定められています。
- サービス業の中には，業種によって，慣習として売掛金に代えて営業未収入金を使う場合があります。

1．売掛金と未収入金の区分

売掛金は，主たる営業活動における信用取引から生じる債権をいい，未収入金は，主たる営業活動以外の信用取引から生じる債権というのが一般的な区分です。

簿記の学習でも行ったように，物品の販売を行った場合には，以下のような仕訳を行うことが一般的です。

| (借) 売　掛　金　×××　　　(貸) 売　　　　上　××× |

これは，役務提供を行った場合でも同様で，通常は売掛金を使って差し支えありません。また，営業活動以外の信用取引を行った場合，例えば車両などの固定資産を簿価で売却した場合には，以下のような仕訳になります。

| (借) 未 収 入 金　×××　　(貸) 車 両 運 搬 具　××× |

　このように主たる営業活動上の信用取引から生じた債権かどうかによって，売掛金と未収入金の区分が行われるのが一般的です。

2．「完成工事未収入金」とは

　売掛金は，主たる営業活動上の物品の販売や役務提供を信用取引した場合に使われますが，それ以外の場合にはどうなるのでしょうか？　基本は，売掛金を使うことは間違いではありません。

　しかし，業種によっては，特に特別に法律が定められている業種などでは，監督官庁から，財務諸表の科目の表示等について，業種別の計算規則が定められている場合があり，その計算規則に則って，処理を行う場合もあります。

　代表的な例としては，請負工事を行う建設業の会社は，営業債権に「完成工事未収入金」という科目を使うこととされています。売上高も「完成工事高」として計上されます。

　これは，建設業会計という，工事の着工から引き渡しまでに1年以上かかることの多い建設業の特殊性を考慮して作られた会計制度に基づく会計処理です。建設業を行うためには，建設業許可を受け，さらに公共事業等を行うためには「経営事項審査」を受ける必要があり，これら一連の届出書に建設業会計に則った処理を要求されることから，建設業会計に則った処理を行うことが一般的になっているのです。日商簿記検定試験は，建設業も試験範囲の対象となっていますが，主として物品販売業や製造業を対象としていることから，あまり深く学ぶ機会のなかった分野といえます。

　建設業の請負工事が完成した場合を例にあげると，次のような仕訳を行います。

| (借) 完 成 工 事　　×××　　(貸) 完 成 工 事 高　×××
　　　未 収 入 金 |

また，少し特殊な業種ですが，日本道路公団等の高速道路の会社も「高速道路事業会計規則」において営業上の未収入金を「高速道路事業営業未収入金」として計上するように定められています。

以前は，高速道路も現金取引ばかりで信用取引など少なかったといえますが，最近は，ＥＴＣの導入により，信用取引の割合が増えてきたのではないでしょうか。

例えば，高速道路事業に係る料金収入を得た場合には，次のような仕訳を行います。

(借) 高速道路事業営業未収入金	×××	(貸) 料 金 収 入	×××

これらも特別法によって規制されている業種で，売掛金以外の科目を使う事例の一つといえます。

3．「営業未収入金」とは

また，最近はインターネットの普及により，色々な会社の決算書をネットで見ることが可能になってきました。色々な会社の決算書を見比べてみると，「売掛金」の代わりに「営業未収入金」という科目を使っている会社を見ることがあります。

この「営業未収入金」は，特別な法律を根拠とするものではなく，役務提供を行うサービス業全般で，売掛金が物品の販売をイメージすることを意識してからなのか，敢えて「未収入金」という科目を使う慣習が根付いているようです。この場合に，主たる営業活動から生じた未収入金であることをはっきりさせるために「営業未収入金」と明記し，通常の主たる営業活動以外の「未収入金」と区分しているのです。

「営業未収入金」を使う業種には，運輸，旅行代理店，不動産，学習塾，広告代理店，ソフトウェア，通信などが挙げられます。相手勘定の売上高も別途，営業内容を示す内容で示すことも多く，例えば運輸などでは，「運賃収入」，不動産賃貸では，「不動産賃貸収入」を使います。

例えば，運輸業で役務提供を行った場合には，次のような仕訳を行います。

| （借）営業未収入金　×××　　（貸）運　賃　収　入　××× |

不動産業では，次のような仕訳を行います。

| （借）営業未収入金　×××　　（貸）不動産賃貸収入　××× |

このように一般的な売掛金という科目以外にも，その業種によっては，特別法の定めや，より営業活動を分かりやすく開示するという慣習上の理由などから，「完成工事未収入金」や「営業未収入金」のような「未収入金」という勘定科目が使われているのです。

（公認会計士　吉井敏昭）

4　その他の債権と債務

Q10　社会保険料

社会保険料の実務処理はどのように行われますか。

Point
・社会保険とは
・社会保険料の会社負担額は従業員給与の概ね13％である。
・社会保険料の会計処理を理解する。
・「定時決定」と「算定基礎届」の提出方法を理解する。
・標準報酬月額の報酬に含まれるものと含まれないものを理解する。
・現物支給を行った場合の「現物給与の標準価額」を理解する。
・「随時改訂」と「月額変更届」の提出方法を理解する。
・賞与支給と「賞与支払届」の提出方法を理解する。
・保険料の納付と納期限を理解する。

1．社会保険とは

　社会保険とは，狭義では，健康保険等の医療保険と厚生年金保険等の年金保険をいい，広義では，これらに失業保険や労働災害保険等の労働保険を加えたものをいいます。

　社会保険というと，狭義の社会保険を指すことが一般的です。

2．社会保険料はどれ位の額？

　最近は，社会保険料の料率が年々上昇し，その金額的重要性が高くなってきています。厚生年金保険の料率は，全国一律ですが，健康保険は，加入する団

体により異なります。東京都の協会けんぽ加入の会社を例にとると，一般の事業では，平成24年3月現在，健康保険料が9.97％，厚生年金保険料が16.4％，両者を合わせると約26％になります。会社と従業員とで概ね折半になるので，従業員を雇う側の会社では，給料以外に給料の約13％の社会保険料を負担しています。決算で未払賞与や賞与引当金を計上する際に賞与の額だけではなく，社会保険料の額を大体13％と見積もって計上するのは，これを理由としています。なお，正確な保険料率については，加入している団体にご確認ください。

3．社会保険料等の会計処理

社会保険料等の科目は，会社負担分については，「法定福利費」を使用し，従業員負担分については，「預り金」を使用します。

具体的な会計処理としては，①給与支給時に従業員から従業員負担額を「預り金」として徴収する際の処理，②実際に社会保険料を納付した際の処理，③期末に未払給与や未払賞与を計上する際の見積計上の処理と3つの場合があります。

なお，預り金は，補助コードを設けて，それぞれ所得税，健康保険，厚生年金保険，と区分して消し込みを行い，毎月きちんと管理することが大切です。特に保険料の改訂があった後は誤りやすいので，預り金の残高が納付額と一致しているかどうかの確認を行っていると，誤謬の早期発見が可能となります。

①の給与支給時の処理を仕訳で示すと，以下のとおりです。

(借)給料手当 ×××	(貸)普通預金 ×××
	預り金 ×× (所得税)
	預り金 ×× (健康保険)
	預り金 ×× (厚生年金保険)

②の実際に社会保険料を納付した際の処理を仕訳で示すと，以下のとおりです。

（借）法定福利費	×××	（貸）普通預金	×××
預り金 （健康保険）	××		
預り金 （厚生年金保険）	××		

③の期末時の未払賞与等の計上の際の処理を仕訳で示すと以下のとおりです。

| （借）賞　　　　与 | ××× | （貸）未払賞与 | ××× |
| （借）法定福利費 | ××× | （貸）未払費用 | ××× |

4．「定時決定」と「算定基礎届」の提出

　社会保険料は，被保険者の標準報酬月額をもとに算定されますが，実際に受ける報酬と，既に決定されている標準報酬月額とがかけ離れないようにするため，毎年1回，原則として7月1日現在の被保険者全員について，4月・5月・6月に受けた報酬の届出を行い，その年の9月以降の標準報酬月額を決定します。この決定を「定時決定」といい，定時決定を行うために提出する届出を「算定基礎届」といいます。

　算定基礎届の提出期間は，原則として7月1日から7月10日までです。7月10日が休日の時は，翌日以降の最初の開所日となります。

　提出先は，加入している健康保険制度によって異なります。
① 　全国健康保険協会管掌健康保険（協会健保）の場合→年金事務所
② 　組合管掌健康保険（健康保険組合）の場合→年金事務所と健康保険組合へ
③ 　厚生年金基金に加入している場合には，厚生年金基金にも提出が必要です。

5．標準報酬月額に含まれるもの

　標準報酬月額の基礎となる報酬とは，給与，賃金，手当などの名称に関係なく，原則として被保険者が事業主から労働の対償として受ける全てのものが含まれます。

　食事・住宅・通勤定期券などの現物支給されるものも，労働の対償として受けた場合には，報酬とみなされます。実務上，現物支給の部分を報酬に含めることを失念していることが見受けられるのでご注意ください。特に通勤手当などは，所得税法上100,000円までは非課税の取り扱いがあるので，健康保険や厚生年金保険では，このような取り扱いはなく，全額算入されます。

6．標準報酬月額に含まれないもの

　一方，労働の対償が基準となりますので，恩恵的に支給される結婚祝金や病気見舞金などや，出張旅費などの実費精算されたものなどは，報酬には含まれません。

　また，食事や住宅の現物支給も本人からの徴収金額が，標準価額により算定した額の3分の2以上の場合には，報酬にはなりません。

　賞与は，年4回以上支払われると報酬に該当しますが，一般的な年3回以下の賞与は，ここでいう報酬には含まれません。代わりに「標準賞与額」に加えられるので，別途，賞与支給時に計算の対象となります。

7．現物給与の標準価額

　現物で支給される食事や住宅は，厚生労働大臣が都道府県ごとに告示で定めた標準価額をもとに，通貨で換算した上で報酬に算入します。

　この現物給与の標準価額ですが，告示をみれば分かるとおり，実際の食事代や住宅の賃料よりも大幅に低い設定になっています。食事や住宅の現物支給を行う際には，この現物給与の標準価額を調べて計算を行います。また，その計算された額の3分の2以上を徴収するようにすると現物給与とはみなされなく

なりますので，上手に利用すると保険料の低減を図れる場合があります。

　ちなみに平成24年４月１日現在の東京都の場合，昼食代を支給した場合の現物給与の標準価額は，220円です。実際の市場価格よりも随分と低い設定といえます。

　昼食を１か月のうち21日間支給した場合，220円×21日×２／３＝3,080円となりますので，被保険者から3,080円以上徴収すれば現物給与に該当しなくなります。

　徴収額が２／３未満の場合，現物給与の標準価額で換算した額から被保険者から徴収した額との差額が報酬になります。

８．算定基礎届を記入する前の準備

(1)　労働者名簿の整理をする

　毎年７月１日現在に在籍する被保険者を対象とするので，労働者名簿に記載漏れや誤りがないかどうかを確認します。長期欠勤者や休職者でも被保険者資格がある人は算定基礎届の対象者になるので注意が必要です。また，６月30日までの対象者や６月１日以降の資格取得者などは届出の対象外になるので，区分が必要です。

(2)　資格取得・喪失届の届出漏れの確認

　６月30日までに入社または退社した人の「資格取得届」「資格喪失届」の届出漏れがないかを確認し，提出漏れがある場合にはただちに提出する必要があります。

(3)　賃金台帳などの整理

① 　４月・５月・６月の支払基礎日数を記入する必要があるので，事前に調べます。
② 　前１年間に支払った賞与，一時金が報酬に含まれるかどうかを調べます。
③ 　食事，住宅，通勤定期等を現物で支給している場合には，厚生労働大臣

が定めた標準価額で通貨にそれぞれ換算します。
④ 4月・5月・6月に支払った賃金に，3月以前の賃金の昇給による差額や遅配分が含まれていないか，また，本来4月・5月・6月に支払う賃金のうち7月以降に遅配される分がないかを確認し，ある場合には修正平均を出す必要があります。
⑤ 「随時改訂」が必要な人がいないかどうかを調べます。

9．「随時改訂」と「月額変更届」の提出

　被保険者の標準報酬月額は，原則として次の定時決定まで変更されません。しかし，昇給などによって，報酬の額が著しく変動した場合などは，被保険者が実際に受ける報酬と標準報酬月額との間に著しい差が生じる場合があります。その場合，著しい変動があった月以降の継続した3か月間の報酬をもとに，4か月目から標準報酬月額の改訂を行います。この改訂を「随時改訂」といい，その時に提出する書類を「月額変更届」といいます。

10．随時改訂に該当する場合の要件

　次の3つの要件を全て満たした場合には，随時改訂の対象になります。
① 固定賃金の変動または賃金（体系）の変更があった時
② 変動月以降の継続した3か月の報酬の平均額と現在の標準報酬月額を比べて2等級以上の差が生じる時
③ 変動月以降の承継した3か月の支払基礎日数が全て17日以上ある時

11．総報酬制の導入と賞与支払届

　平成15年3月までは，社会保険料の計算上，賞与からは負担の少ない特別保険料だけの徴収となっていましたが，平成15年からは，総報酬制が導入され，賞与からも標準報酬月額と同率で保険料が賦課されることとなりました。
　この変更に伴い，賞与の支払いについては，「被保険者賞与支払届」によって，被保険者ごとの「標準賞与額」の届出が必要となりました。

提出期限は，支払日から5日（船員は10日）以内です。

12．保険料の納付

　毎月の給与にかかる保険料の納付書は，毎月20日頃に年金事務所等から発送され，その月末が納期限となります。

　賞与にかかる保険料は，事業主から提出された「被保険者賞与支払届」に基づき，毎月の給与にかかる保険料に合算して通知されます。

　実務上は，納付書が届いてから納期限までに10日程度しかないので，あまり余裕はありません。納付漏れがないように注意が必要です。銀行口座等からの自動引落を利用すると便利です。

（公認会計士　吉井敏昭）

Q 11 仮払金，立替金

仮払金や立替金の管理について留意すべき事項があれば，分かりやすく教えてください。

Point

・支払いを行う際の対象者や精算期間の取り決めなどの規程の整備が必要です。
・専用の仮払精算書や立替金精算書を用意し，精算手続の簡便化を図ります。
・補助元帳を使って，入出金の消し込みを個別に管理します。
・支出後の定期的な精算チェックを行います。
・期末には，未精算で残っているものがないかどうかをチェックします。
・税務上，注意すべき事項がないかどうかをチェックします。

1．規程の整備

　仮払金・立替金は，主として役員・従業員・関係会社等に行うことが多い支払いですが，支払いを行う際の対象者や精算期間などを，あらかじめ規程に定めて整備することが適切な管理のためには必要です。

　仮払金や立替金は，最終的には，何らかの精算手続を必要とする支払いですので，ルールを明確化し，支払方法や精算方法を明確に定めて，無駄な支出を省き，できるだけ短期間で精算を行っていくことが，効率的な経営のためには大切です。

　管理を行う側の立場としても，長期にわたって，未精算が続くとチェックをする件数が多くなり，処理が煩雑になります。また，仮払金や立替金の支払いを受ける側でも，ルールが明確になっていない場合には，業務の多忙を理由に，余分な仮払いが増えたり，精算が遅れたりすることもありますので，まずは，

守るべきルール作りを行ってください。

2．専用の精算書の作成

　精算手続を簡便化するために，頻繁に行われる旅費仮払金や特定の仮払金支払などには，専用の支払申請書や精算書を用意し，申請及び精算しやすい方法を考えることも大切です。また，精算書に，規程に定められた精算期間等を簡潔に明記すれば，ルールを見えるようにできますので効果的です。支払いの際の申請書では，支払目的や期間等を記入させ，その支払いの妥当性や期間をチェックします。二重の支払いがないかどうかもチェックします。また，旅費などの精算については，交通費，宿泊費，各種手当など定期的な支払項目が多く，精算回数も多いので，特別に「旅費仮払精算書」を作成して管理することも一般的です。それらの申請書と精算書を突合することによって，支払いの妥当性のチェックを行えるとともに，支払い後，精算のない仮払金，立替金のチェックを行うこともできます。

3．補助元帳による管理

　仮払金や立替金は，支払って終わりという科目ではなく，必ず，精算手続を必要とするので，細かく管理することが必要になります。よって，補助コードを作成し，補助元帳によって，個々の支出を管理する必要があります。月末ごとに，補助元帳の残高をチェックし，残っている残高で精算が必要なものがないかを確認する必要があります。ただ，作って終わりではなく，きちんと消し込み作業に活用することによって適切な管理が可能になります。

4．支払い後の精算チェック

　規程にルールを明記し，申請書を提出してもらい，補助コードを設定し，補助元帳を作成しても，肝心の支払い後の精算を行わなければ，仮払金も立替金も残高が増えていく一方です。支払い後定期的に，特に月末ごとに補助元帳のチェックを行った際には，同時に申請書や精算書のファイルも合わせてチェッ

クし，未精算の仮払金・立替金の精算の督促を行ってください。また，精算された内容が，申請書の内容から見て妥当なものかどうか，申請内容と異なる支払いの場合には，その内容が適切なものであるかをチェックすることも大切です。精算書にきちんと領収証等の証憑類が添付されているか，計算の根拠が妥当であるか，計算は合っているか等のチェックを行うことも当然必要になります。

5．期末の残高チェック

決算時には，未精算の仮払金や立替金がないかどうかをチェックし，従業員に対する旅費交通費等の一般的な経費は，経費科目への振替漏れがないかどうか，また，立替金も役員への立替金や関係会社への立替金など，取引の内容に十分留意し，実態に応じた会計処理を行う必要があります。

旅費仮払金やその他の経費の仮払金が未精算のままになっていると，損益の期間帰属が適正に行われませんので，期末には特に厳密なチェックが必要です。また，立替金も役員や従業員，関係会社に対するもので，給与や貸付金，その他の科目へ振り替える必要のある内容のものでないかの吟味が必要です。貸付金ならば，別途契約書の作成や利息の計算が必要になります。

役員や関係会社への立替金の場合には，貸借対照表の表示上もその重要性によって，区分掲記または注記が必要になる場合もあるので注意が必要です。

個別の内容では，海外渡航の仮払金，役員の接待用の仮払金は，比較的長期にわたって仮払金のままになっている場合が多いので，特に注意が必要です。

6．税務上の注意点

役員に対する仮払金は，渡し切りになっている場合には，役員への給与認定（役員賞与）になる場合もあるので注意が必要です。また税務上，交際費は，支出時に事業年度で処理する必要があるので，たとえ，仮払金に含められていても，交際費として使われている場合には，交際費課税の計算に含める必要があるので，ご注意ください。

（公認会計士　吉井敏昭）

5 受取手形

Q 12　手形の管理と取立て

受取手形の管理や銀行に対する取立依頼はどのように行われて，どのように入金されるのでしょうか。

Point

・手形受取時には，手形が法的に有効かどうかの形式的なチェックをする必要があります。
・受取手形台帳を用いて管理します。
・受取手形台帳には，「振出日」「受取日」「金額」「振出人」「支払期日」「支払場所」「手形番号」等のデータを記録します。
・支払期日まで待って現金化するのであれば，早めに銀行に取立てに出しましょう。
・裏書予定等の受取手形の現物は，金庫で厳重に保管します。
・金庫に保管してある受取手形は，最低でも月末や決算日に実査（実物検査）をして，帳簿と一致することを確認します。

1．概　　要

(1)　受取手形の受取り

売掛金を手形で受け取った場合は，以下のように仕訳します。

| （借）受　取　手　形　×××　　（貸）売　　掛　　金　××× |

(2) 受取手形の取立て

手形を銀行に取立てに出した場合は，以下のように仕訳します。

| (借)取 立 手 形 ×××　　(貸)受 取 手 形 ××× |

実務上は，仕訳をしない場合も多いようです。

(3) 取立手形の決済

取立依頼していた手形が支払期日に決済された場合は，以下のように仕訳します。

| (借)預　　　　金　×××　　(貸)取 立 手 形　×××
　　　　　　　　　　　　　　　　(受 取 手 形) |

2．約束手形と為替手形

手形には，約束手形と為替手形の2種類があります。

約束手形は，債務者が債権者に支払いを約束する証券です。支払期日に，振出人の銀行預金口座から引き落としがされ，手形取立依頼者の口座に入金されます。つまり，「振出人＝支払人」となります。

為替手形は，振出人が受取人とは別の人に対して債権を有している場合に，その人に対して，受取人への支払いを依頼する証券です。支払期日には，振出人ではなく，依頼を受けた人の銀行預金口座から引き落としがされ，手形取立依頼者の口座に入金されます。つまり，一般的には「振出人≠支払人」となります。なお，自己宛為替手形（振出人＝支払人＝自分…支払手形と同じ），自己受為替手形（振出人＝受取人＝自分…相手が手形帳を持っていない場合等に回収のために作成）というものも存在します。このように為替手形は複雑ですので，より注意が必要です。

3．銀行への取立て

受取手形を支払期日に現金化するためには，銀行へ取立依頼をする必要があ

ります。現金化といっても、支払期日に受取手形を銀行の窓口に持って行って、現金と引き換えるわけではありません。あくまでも、受取人と振出人の預金口座間で資金が移動されることになります。

銀行へは銀行所定の「取立依頼書」へ記載して、現物の受取手形を渡します。銀行は、手形の形式要件をチェックして、手形交換所へ手形を持ち込み、銀行間の債権債務を一旦決済します。そして、支払期日に振出人の預金から受取人の預金に、資金が移動されます。

4．手形の管理

手形は換金性が高く、人から人へ渡ってしまうと、「善意取得」が生じてしまいます。「善意取得」とは、何も知らないで手形を取得した人は、正式な持ち主となるということです。つまり、あなたが受取手形を落としてしまい、拾った人が勝手にあなたの名前を裏書して使ってしまったとしましょう。その場合、現在の手形を持っている人が、拾った手形の裏書ということを知らずに受け取ったとしたら、その人の持ち物になるということです。あなたが、「これは自分が落としたものだ！」と主張しても、認められません。

以上のことから、受取手形は現金同様に厳重に管理する必要があります。支払期日まで待てるのであれば、一刻も早く銀行に取立依頼することです。手許に所有していることは盗難・紛失等のリスクになります。現金を預金するのと同じ考えです。

裏書等のために金庫で保管する場合、月末や決算日には実際の残高を実査（実物検査）しましょう。そして、受取手形台帳と照合します。

5．受取手形台帳

受取手形台帳には、「振出日」「受取日」「金額」「振出人」「支払期日」「支払場所」「手形番号」「裏書人」等のデータを記録します。現在はエクセルや専用ソフトでの管理が一般的です。これは、瞬時に並べ替えられることが便利だからです。支払日別に並べ替えれば、自分の資金繰りの資料ともなります。また、

振出人別に並べ替えて比較すれば，相手の資金繰りの状況も大体分かります。

受取手形台帳は，手形の受入れ・取立依頼・裏書・割引・決済があった場合は必ず記載します。上述した実査をすることで，記載誤りを発見できることにもなります。

6．手形に貼る印紙

受取手形は，記載金額によって収入印紙の貼付けが必要になります。これは，原則「振出人」に貼付けの義務がありますので，手形を受け取った場合は貼られていることを確認し，貼られていない場合には振出人に貼ってもらいます。逆にこちらが振り出す場合には，印紙を貼る必要があります。

記 載 金 額	印 紙 税
10万円未満	非課税
100万円以下	200円
100万円を超え　200万円以下	400円
200万円を超え　300万円以下	600円
300万円を超え　500万円以下	1千円
500万円を超え　1千万円以下	2千円
1千万円を超え　2千万円以下	4千円
2千万円を超え　3千万円以下	6千円
3千万円を超え　5千万円以下	1万円
5千万円を超え　1億円以下	2万円
1億円を超え　2億円以下	4万円
2億円を超え　3億円以下	6万円
3億円を超え　5億円以下	10万円
5億円を超え　10億円以下	15万円
10億円を超えるもの	20万円

なお，実務上はこの印紙代を節約するために，手形を複数枚に分割する方法がとられます。例えば3,500万円の手形を1枚振り出す場合は，10,000円の

印紙代がかかりますが，3,000万円と500万円の手形に分割すれば，印紙代は7,000円に節約できます。

　また実務上，為替手形に印紙を貼らないで振り出して，支払人に負担させることもあります。これは，取引の力関係によって生じることが多いのです。

7．留意事項

　受取手形は，決まった要件を備えていなければ，ただの紙切れになります。受け取った時には形式要件のチェックが重要です。慣れないうちは必ず上司のチェックを受けてください。

(1) 手形法75条では，以下のような記載がされることが「約束手形」の要件とされています。

　① 「約束手形」の文字が記載されていること
　② 「金額」が記載されていること
　③ 「満期日」が記載されていること
　④ 「支払地」が記載されていること
　⑤ 「受取人」が記載されていること
　⑥ 「振出日」「振出地」が記載されていること
　⑦ 「振出人」の署名があること

　　これらが，全て記載されており，「振出人」の署名印刷の横に印鑑が押印してあるかどうかをチェックしなければなりません。また，「受取人」に自分以外の名前がある場合は，裏書手形ですので，取引相手の名前が裏書きしてあることを確認する必要があります。裏書手形に関しては，次項で詳しく説明します。

(2) 手形法1条では，以下のような記載がされることが「為替手形」の要件とされています。

　① 「為替手形」の文字が記載されていること
　② 「金額」が記載されていること
　③ 「支払者」が記載されていること

④ 「満期」が記載されていること
⑤ 「支払地」が記載されていること
⑥ 「指図人」が記載されていること
⑦ 「振出日」「振出地」が記載されていること
⑧ 「振出人」の署名があること

　これらが，全て記載されており，「振出人」の署名印刷の横に印鑑が押印してあり，引受人の記名押印があるかどうかをチェックしなければなりません。

（公認会計士・税理士　河合明弘）

Q 13 手形の裏書と割引

手形の裏書（うらがき）とは具体的にどのようなことをするのでしょうか。また手形の割引に関しても教えてください。

Point

- 手形は他人に譲渡することができます。
- 手形を他人に譲渡する場合，手形の裏に記名・押印します。
- 手形の表面の受取人の名義が裏書きされていて，その後も名義が連続していること（手形の連続性）を必ず確認しましょう。
- 裏書手形が不渡りになった場合でも，裏書人は責任を負います。
- 手形は銀行等で割引することができます。
- 手形を割引するには手数料がかかります。

1. 概　　要

(1) 受取手形の裏書譲渡

受取手形を買掛金支払いのために裏書した場合，以下のように仕訳します。

(借) 買　掛　金　×××　　(貸) 受　取　手　形　×××

(2) 裏書手形の決済

裏書手形が決済された場合，仕訳は必要ありません。

仕　訳　な　し

(3) 手形の割引

手形を銀行に割引に出した場合，以下のように仕訳します。銀行への手数料が，手形売却損となります。

```
（借）預      金    ×××      （貸）受 取 手 形    ×××
（借）手 形 売 却 損    ×××
```

(4) 割引手形の決済

割引手形が満期に決済された場合，仕訳は必要ありません。

```
     仕 訳 な し
```

2．裏書手形の譲渡

今までみてきたように，手形を受け取った人は，その手形を銀行に持ち込み換金することができます。それだけでなく，さらに自らの支払いのために手形を他の人に譲渡することもできます。これを手形の「裏書」（うらがき）といいます。手形の裏書を行うことで，自分の資金を減少させることなく，債務の支払いが行えます。

裏書手形をもらう場合，通常の受取手形をもらう以上に注意が必要です。まずは，Q12の留意事項でお話しした手形の要件を確認し，特に手形表面記載「振出人」の名前がきちんと「裏書人」になっていて名義の連続性があることを確認してください。名義の連続性がないと手形の要件を満たさず，ただの紙切れになってしまいます。

手形を裏書譲渡するには，受け取った手形の裏面に受取人が記名押印し，次に手形を受け取る人の名前を記入します。手形の裏面には，あらかじめ裏書のために記名押印する欄が設けてあります。

ただし，注意しなくてはならない点があります。それは，裏書して手形を譲渡しても，手形の振出人が不渡りを起こすと，裏書した人が支払いをしなけれ

ばならない義務を負っているという点です。この点は，次項の「不渡手形」でお話しします。

振出人の信用力に疑問がある場合には，裏書手形をもらわないこと・手形を裏書しないことをお勧めします。

3．手形の割引

手形を受け取った人は，その手形を銀行に持ち込み満期日に換金することができますし，さらに自らの支払いのために手形を他の人に譲渡することもできることはお話ししました。

加えて満期日前に現金が必要な場合には，銀行等へ裏書譲渡して手数料（割引料）を支払い現金化することもできます。手形の割引により，早期の資金回収が可能となるのです。

4．裏書手形・割引手形の注記

裏書手形・割引手形の金額は，財務諸表に注記する必要があります。なお，注記とは，財務諸表本体とは別に記載するものです。

5．留意事項

手形の割引は実質借入金であり，自らお金のないことを公表していることになります。支払人やあなたの信用力によって，手数料が変わってきますし，割引できない場合もあります。さらに不渡りになった場合は，まずは裏書人に支払義務がありますので，あなたが資金繰りに窮することになります。以上から，手形割引は行わない方が賢明ですが，例外として東証１部上場会社等が発行した手形を割引する場合には，そのような信用力のある会社と取引があるということを金融機関に知らせることになり，逆にあなたの信用力を高める場合があります。

（公認会計士・税理士　河合明弘）

Q 14　手形の不渡り

手形が不渡りになったら，どのような手続きが必要でしょうか。

Point

・手形の満期日に支払人の口座に手形金額以上の預金がない場合，手形は換金されません。これを不渡りといいます。
・不渡りになったら，まず裏書している人に支払義務があります。
・不渡りを2回出すと銀行取引停止になり，実質倒産となります。
・不渡情報は，いち早く営業部門に通知し，新規の取引をストップする必要があります。

1. 概　要

(1) 取立てに出していた手形が不渡りになった場合，以下のように仕訳します。

| (借) 不 渡 手 形　×××　(貸) 受 取 手 形　××× |

上記は，取立てに出した時に仕訳していなかった場合です。

取立てに出した時に，

| (借) 取 立 手 形　×××　(貸) 受 取 手 形　××× |

と仕訳していた場合には，以下のように仕訳します。

| (借) 不 渡 手 形　×××　(貸) 取 立 手 形　××× |

(2) 裏書譲渡していた手形が不渡りになった場合，以下のように仕訳します。
裏書人には手形金額の支払義務が生じるところがポイントです。

| （借）不 渡 手 形　×××　（貸）預　　　金　××× |

(3) 割引していた手形が不渡りになった場合，以下のように仕訳します。

| （借）不 渡 手 形　×××　（貸）預　　　金　××× |

2．手形の不渡り

(1) 不渡りの種類

① 0（ゼロ）号不渡り

手形に必要な記載事項等が欠けている（例えば，銀行取引印が相違している）場合

② 第1号不渡り

当座預金残高が不足している場合

③ 第2号不渡り

資金はあるが，納品された商品に欠陥がある等の理由で，支払いたくないため自ら不渡りにする場合

(2) 銀行に取立依頼していた場合

手形が不渡りになった場合，銀行から連絡があり，当然に入金がありません。裏書譲渡により手形を受け取っていた場合はその相手に，支払人から直接約束手形を受け取った場合には支払人に請求して，手形金額を支払ってもらいます。ただし，第1号不渡りの場合は，支払人には資金がないので不渡りになったわけですから，回収はかなり難しくなります。

(3) 裏書（割引）していた場合

　裏書譲渡（割引）した相手から請求があった場合，手形金額を支払わなくてはなりません。その後は(1)と同様の手続きです。

3．手形の更改

　手形の更改とは，手形の支払人が満期日に支払資金がないため手形の受取人に相談して，支払期日延長の目的で従来の手形を書き換えることをいいます。一般的に「手形のジャンプ」といわれています。

　相手からジャンプの依頼があった場合，相手の資金繰りが苦しいことは明らかですから，取引金額を減少させ，新たな手形取引は行わないことが賢明です。不渡りになる可能性は高くなっていますので，不渡りに対する準備は必要です。

4．留意事項

　第1号不渡りの場合，まずは，不渡りの事実を営業部門にいち早く通知し，新規の取引（納品）をストップすることで，傷口が広がるのを防ぎます。次に支払人の財務状況を把握する必要があり，場合によっては支払人手持ちの現金を回収したり代物弁済してもらう等の措置をとる必要がありますので，一刻も早く支払人に会いに行く必要があります。その後自社の資金繰りの状況等を再確認し，金融機関に必要に応じて借り入れ申し込み等を行うことになります。

　いずれにしても，第1号不渡手形が出た場合，スピードが勝負です。スピーディにやるべきことをやらないと全額が貸し倒れになってしまい，連鎖倒産してしまうおそれもあります。

（公認会計士・税理士　河合明弘）

6 引当金

Q15 会計上の引当金と税法上の引当金

会計上の引当金と税法上の引当金について分かりやすく教えてください。

Point

・引当金とは，将来発生するであろう費用や損失に備えて見積り計上するものです。
・引当金は，「評価性引当金」と「負債性引当金」とに分類されます。
・税法上「引当金」として損金計上が認められているのは，「貸倒引当金」と「返品調整引当金」の２つだけです。

1．概　　要

(1) 引当金とは

　引当金とは，実際に現金を支出しているかどうかは関係なく，発生主義の観点から，当期に帰属する費用または損失を見積り計上するものです。
　引当金の本質は，当期の収益に対応させるべき費用・損失を計上するという考え方であり，損益計算の基本原理である費用収益対応の原則にその論拠を求めることができます。

(2) 引当金の設定要件

　「企業会計原則注解」（以下，「注解」という）注18で，引当金に関し次のように規定しています。

「将来の特定の費用又は損失であって，その発生が当期以前の事象に起因し，その発生の可能性が高く，かつ，その金額を合理的に見積ることができる場合には，当期の負担に属する金額を当期の費用又は損失として引当金に繰入れ，当該引当金の残高を貸借対照表の負債の部又は資産の部に記載するものとする。(中略) 発生の可能性の低い偶発事象に係る費用又は損失については，引当金を計上することはできない。」

すなわち，引当金の要件は，
① 将来の特定の費用又は損失であること
② 発生が当期以前の事象に起因していること
③ 発生の可能性が高いこと
④ 金額を合理的に見積もることができること

この4つの要件が満たされて初めて引当金を計上することができます。

「注解」注18では，具体的な項目として，製品保証引当金，売上割戻引当金，返品調整引当金，賞与引当金，工事補償引当金，退職給与引当金，修繕引当金，特別修繕引当金，債務保証損失引当金，損害補償損失引当金，貸倒引当金等が例示列挙されています。

なお，実務的には上記の項目のほか，役員退職慰労引当金，ポイント引当金などの事例がみられます。

2．引当金の分類

引当金は，評価性引当金と負債性引当金に分類されます。

(1) 評価性引当金

評価性引当金とは，特定の資産の貸借対照表価額を間接的に控除することによって，資産評価額を貸借対照表に表示させるために設定される引当金のことで，「貸倒引当金」がこれに当たります。

(2) 負債性引当金

負債性引当金とは，将来に確定する債務を，その原因が発生した期以降の貸借対照表に計上するために設定されます。

この負債性引当金は，さらに，法的に債務たる引当金と法的に債務とならない引当金の2種類に分類されます。前者には，「賞与引当金」「製品保証引当金」「退職給付引当金」「返品調整引当金」などが含まれ，後者には「修繕引当金」「債務保証損失引当金」などが含まれます。

3．引当金と税法

(1) 法人税法上の取り扱い

法人税法は，本来，債務確定基準を採用しています。すなわち，損金の額に算入すべき金額について，「償却費以外の費用で当該事業年度終了の日までに債務の確定しないものを除く」と規定されています（「法人税法」（以下，「法法」という）22条3項2号かっこ書き）。したがって，たとえ将来発生が見込まれる費用で，発生の可能性が高いとしても，実際に発生し確定した段階で損金の額に算入されるのが基本です。

一方，企業会計では，費用収益対応の原則から，将来発生することが見込まれる費用で，発生の可能性が高く，金額の合理的な見積りができるものについては，これを見越して，各会計期間に割り当てる形で引当金を計上するルールが確立しています。

法人税法上，この企業会計の要請に応ずるために，別段の定めとして引当金の制度が置かれています。したがって，企業会計上の引当金よりも相当限定的に認められています。企業会計上の引当金にはさまざまなものがありますが，法人税法上は「貸倒引当金」（「法法」52条）と「返品調整引当金」（「法法」53条）についてのみ認められています。

なお，見積りによる引当金ではなく，確定債務となっているものについては，未払計上が可能です[注]。

(2) 法人税法上の要件

法人税法上，引当金の繰入れについて損金算入が認められるためには，次の要件を満たす必要があります。

① 損金経理を行うこと（確定決算に反映）
② 確定申告書に繰入額の損金算入に関する明細の記載があること

また，繰入限度額の規定が定められていますので，繰入限度額の範囲内で，損金経理した金額について損金算入が認められます。なお，青色申告要件は現在ありません。

(3) ま と め

引当金についての会計及び税法の関係は，次のとおりです。

分　　類		種　　類	税　　法
会計上の引当金	評価性引当金	貸倒引当金	損金算入限度額あり
	負債性引当金	返品調整引当金	
		製品保証引当金，売上割戻引当金，賞与引当金，工事補償引当金，退職給付引当金，修繕引当金，特別修繕引当金，債務保証損失引当金，損害補償損失引当金　など	損金不算入

4．表　　示

引当金は，その計上方法を重要な会計方針として注記する必要があります。

貸借対照表における引当金の表示は，評価性引当金については関連する資産から控除する形で資産の部に計上するものとされ，負債性引当金は負債の部に計上するものとされています。

引当金の繰入額は，その引当金の目的等に応じて，損益計算書において，売上高の控除項目，製造原価，販売費及び一般管理費又は営業外費用としてその内容を示す適当な項目に計上します。

〈文中の注記〉
（注）例えば，賞与の未払いについては，支給期日が到来している場合や次の３つの要件を満たしている場合には，未払賞与として未払計上し，損金算入が可能です。
　　１．支給額を各人別に，かつ，同時期に全ての支給対象者に通知していること
　　２．通知日の属する事業年度終了の日の翌日から１か月以内に支払っていること
　　３．通知日の属する事業年度に損金処理していること

〈参考文献等〉
・清陽監査法人編著『会計処理ガイドブック』清文社，2011年８月
・弥永真生・郡谷大輔・和久友子・太田達也・阿部光成編著『会社決算ハンドブック』商事法務，2007年４月
・日本公認会計士協会東京会編『相違点でみる会計と税務　実務ポイントＱ＆Ａ』清文社，2010年４月

（公認会計士　江添慶範）

7 偶発債務

Q 16 金融機関の支払保証

銀行など金融機関の貸借対照表に「支払承諾」,「支払承諾見返」という勘定科目が表示されていることがありますが,どういった内容のものでしょうか。

Point

・支払承諾は,銀行など金融機関による債務保証を表します。
・債務保証を行ったことを示す勘定科目が支払承諾（負債勘定）で,支払承諾を行った相手先に対する求償権が支払承諾見返（資産勘定）であり,両者は同額両建てで表示されます。

1. 概　要

　支払承諾は,銀行や保険会社などの金融機関（以下「金融機関」という）が取引先に対して保証を行うもので,与信の一種です。金融機関がその取引先からの依頼に基づいて,取引先の第三者に対する債務についてその支払いを保証するものですので,取引先が支払いを行わない場合には金融機関が取引先に代わって支払いを行う義務が生じます。この支払義務を表す勘定が「支払承諾」ということになります。仮に,取引先に代わって支払いを行った場合には,取引先に対して支払いを求める権利（求償権）がありますので,この求償権を表す勘定が「支払承諾見返」勘定で,これらは両建て計上されます。

　この支払承諾及び支払承諾見返を見れば,金融機関がどれだけの保証を行っているのかが分かります。

　保証を受ける企業にとっては,銀行が支払いを保証してくれることから,会

社の支払いに対する信用力が高まり，取引をスムースに行うことができることになります。支払いの信用力が高まったことに対して，企業は金融機関に保証料を支払うことになります。

金融機関は，貸し出しをせずに信用供与で保証料を獲得することができ，保証を受ける企業は，借り入れによる金利よりも低い保証料で資金調達と同様の効果を得ることができます。

2．支払承諾の会計処理

支払承諾は，対照勘定で処理されます。

支払承諾を行った場合には，以下のように仕訳します。

（借）支払承諾見返 ×××	（貸）支 払 承 諾 ×××

信用力や担保力のある親会社の子会社を保証する場合には，金融機関が親会社に対して保証や担保の提供を求めたり，取引先に保証を求めたりすることがあります。

3．支払承諾の開示

支払承諾は，金融機関の貸借対照表の資産の部と負債の部に独立掲記されます。表示箇所は，資産，負債とも科目の最後に記載されますが，資産の部の「支払承諾見返」は，貸倒引当金の上に表示されます。

<資産側>

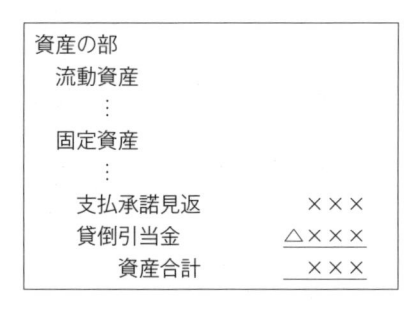

資産の部	
流動資産	
⋮	
固定資産	
⋮	
支払承諾見返	×××
貸倒引当金	△×××
資産合計	×××

<負債側>

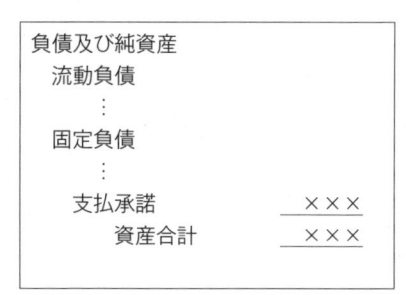

負債及び純資産	
流動負債	
⋮	
固定負債	
⋮	
支払承諾	×××
資産合計	×××

また，銀行が支払承諾をしている会社に対して取引先に保証を求めるケースなどにおいては，偶発債務としての注記が必要になります。

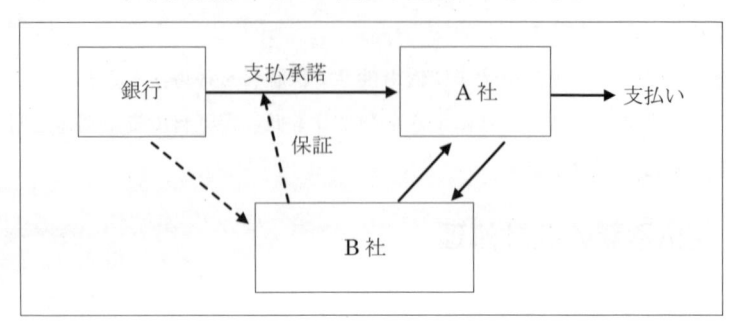

```
銀行 ──支払承諾──→ A社 ──→ 支払い
 │         ↑              ↑│
 │    保証  │              │↓
 └ ─ ─ ─ ─ B社 ─ ─ ─ ─ ─ ─┘
```

＜偶発債務の注記例：図のB社の注記＞

　金融機関が取引先に対して行っている支払承諾に対して，次のとおり保証を行っている。

取引先　　5社　　　800百万円

（公認会計士　成田智弘）

8 棚卸資産

Q17 実地棚卸

棚卸資産の実地棚卸は，どのように行われるのでしょうか。また，分譲用土地建物，未成工事支出金，開発事業等支出金，未成業務支出金などの実地棚卸は，どのように行うのでしょうか。

Point

- 実地棚卸は，会社の在庫数量やその評価の妥当性を確かめる重要な手続です。
- 実際に資産現物に当たって数えることにより，棚卸資産に特有のリスクを低くする目的で行われます。
- 実地棚卸計画の策定→担当部署に対する棚卸計画と棚卸指示書の交付→事前準備→実地棚卸の実施→実地棚卸在庫明細，棚卸差異明細の作成→棚卸差異の原因分析→実地棚卸結果の検討会→実地棚卸結果の会計記録への反映，という一連の業務手続です。
- ①棚卸を行う範囲の観点から，一斉棚卸，部分棚卸，循環棚卸，②カウント方式の観点から，タグ方式，リストアップ方式，リスト方式，③実施時期により，期中棚卸，期末棚卸，などに区分することができます。
- 分譲用土地建物，未成工事支出金，開発事業等支出金，未成業務支出金などの棚卸資産については，現状を確かめるための現場視察が行われます。

1. 概　　要

(1) 実地棚卸とは

　実地棚卸は，文字どおり，帳簿上ではなく，実際に会社の保有する商品，製品，原材料，部品，貯蔵品，仕掛品などの棚卸資産を数える（棚卸する）ことです。実地棚卸は，単に数量を確かめるだけではなく，どのような資産を，どれだけ，どのような状態で保有しているのかを確かめる重要な業務手続です。別の言い方をすれば，「会社の在庫数量」や「その評価の妥当性」を確かめる重要な手続ということができます。

(2) 実地棚卸の分類

　実地棚卸は，棚卸資産すべてを一斉に確かめるかどうかによって，①一斉棚卸，②部分棚卸，③循環棚卸に区分することができます。

一斉棚卸	すべての棚卸資産を一斉に棚卸する方法です。実地棚卸はすべての棚卸資産について同時に実施されます。
部分棚卸	棚卸資産の一部について棚卸する方法です。特定した部分についてのみ棚卸が実施されます。
循環棚卸	部分棚卸の対象を循環させていく方法です。例えば，本社→A工場→B支店→C工場などと循環させて棚卸を行います。製品種類別に循環させていく方法なども考えられるでしょう。

　また，棚卸資産を数えて，記録・集計する方法によって，①タグ方式（棚卸票方式），②リストアップ方式，③リスト方式に分けることができます。最近では，携帯端末を用いて，集計作業を効率化しているケースもあります。

タグ方式	一品一葉に記載する棚卸票を用いて，これを現品に貼付していく方式です。品目ごとに棚卸票を作成し，貼付していくため，棚卸票が貼付されていれば，実地棚卸済みであることが一目で確認できるため，網羅性を確保するのに優れた方式です。 通常，複写で2枚のうち1枚を回収し集計用に用います。棚卸票には連番を付けて回収漏れがないように，配布枚数，使用枚数，未使用枚数，書き損じ枚数を管理するコントロール・シートを作成します。棚卸票は一般的に「タグ」と呼ばれていますので，タグ方式と呼ばれます。
リストアップ方式	リストに保管場所，在庫品目，数量，現品の状況などを描き込んでいく方式です。在庫を保管場所の端から数えてリストアップしていかないと，カウント漏れや二重カウントが生じてしまう可能性があります。また，一見では棚卸を実施済みなのかどうか分からないことになります。このため，棚卸済みと記入した用紙を貼付していくことなどを行う必要があります。
リスト方式	あらかじめ打ち出した帳簿在庫リストを用いて実地棚卸を行う方式です。その場で実在庫と帳簿在庫の差異を発見することができますが，あらかじめ打ち出したリストの数量に影響され，ついリストの数量に合わせてしまうということが生じやすいので，カウント担当者とリストのチェック担当者を分けるなどの対応が必要になります。また，リストアップ方式と同様，カウント漏れや二重カウントが生じる可能性があります。

さらに，実施時期により，①期中棚卸，②期末棚卸に区分することができます。

期中棚卸	文字どおり，期の途中で行う棚卸という意味もありますが，在庫の管理状況や帳簿記録の信頼性を確かめるために行う棚卸の意味でも用いられます。
期末棚卸	一義的には，決算期末で行う棚卸の意味ですが，四半期末や半期末，月末などの意味で用いられていることもあります。

これらの方法を組み合わせて，自社に適した方法を選択して，実地棚卸を実施することになります。

実施方法	記録・集計方式	実施時期
一斉棚卸	タグ（棚卸票）方式	期中棚卸
部分棚卸	リストアップ方式	期末棚卸
循環棚卸	リスト方式	

2．実地棚卸の目的

　実地棚卸は，実際に資産現物に当たって数えることにより，棚卸資産に特有のリスクを低くするために行われます。

　棚卸資産には，主に次のような特有のリスクがあります。

> ①　入出庫による動きが激しいため，常に受け払いの際にミスが起こるリスクがあります。
> ②　同様に，入出庫が頻繁にあるため，台帳などの帳簿記録を間違えるリスクがあります。
> ③　良，不良の別や，劣化や陳腐化の度合などは，棚卸資産の現物を見ないと分からないため，帳簿のみでは，品質劣化を把握できないリスクがあります。
> ④　在庫管理が十分でない場合に，過剰な在庫を抱えてしまうリスクがあります。
> ⑤　棚卸資産には価値があるため，容易に換金可能なケースが多く，盗難や横領といった不正が生じるリスクがあります。
> 　①～⑤により，会社の決算数値を間違えてしまうリスクがあります。

　これらのリスクを持つ棚卸資産について，実地棚卸を行うことで，主に，次のような効果を得ることができます。

> ①　実際に保有している棚卸資産と帳簿に記録している棚卸資産とが異なっていないかどうか，また，実地棚卸数量と帳簿記録数量に差異がないかどうかを確認することができます。そして，それらについて差異が生じている場合には，差異内容の調査をすることによって，棚卸資産の入出庫手続や帳簿記録の正確性の程度を，事後的にではありますが，チェックすることができ，今後の改善のための情報を得ることが可能となります。

② 定期的に現物の不良化や陳腐化の程度を把握することが可能となり，その結果適切な棚卸資産の評価が可能となります。
③ 適正な在庫量を把握するための基礎データが得られるため，無駄な在庫を抱えるリスクを軽減することが可能となります。
④ 棚卸資産の横流し等の不正の端緒を発見できる可能性があり，また，現場の管理者に対する牽制効果となります。
⑤ より正確な決算数値が求められます。

　実地棚卸のような統制がない場合には，長期にわたって改善すべき事項や不正が放置されることもあり，会社として，実地棚卸によって得られる利益以上の不利益を被るケースもないとはいえません。また，本書の第6章で説明している内部統制上も，実地棚卸は，「統制」として必要不可欠な会社の業務であると考えられています。

3．実地棚卸の手順

　実地棚卸は，手続の流れの面からみれば，実地棚卸計画の策定→担当部署に対する棚卸計画と棚卸指示書の交付→事前準備→実地棚卸の実施→実地棚卸在庫明細，棚卸差異明細の作成→棚卸差異の原因分析→実地棚卸結果の検討会→実地棚卸結果の会計記録への反映，という一連の業務手続です。

(1) 実地棚卸計画の策定

　実地棚卸は，会社の計画に基づいて実施します。全社一斉に行うのか，工場，支店ごとに分けて実施するのか，あるいはグルーピングして実施するのか，どの時期に実施するのか，どのような方法を用いて実施するのかなどについて，会社が最も効果的で，かつ，効率的に行えるように計画することが必要です。実地棚卸は，間違いがないように，期末日で一斉に行うことが基本ですが，在庫の入出庫管理や帳簿管理のレベルが高い場合には，期末日以外で行うこともできるでしょう。

実地棚卸計画は，実地棚卸の目的，自社の管理レベル，在庫の保有状況，業務の集中度合，などを考慮して策定されます。この計画に基づいて，部署別等の具体的な作業指示書が作成されます。棚卸計画（書）及び棚卸指示書などをまとめて「棚卸要領」などと呼ぶ場合もあります。主な考慮事項や検討事項は以下のとおりです。

① 棚卸の目的の考慮

実地棚卸の主な目的は，上述した２．で説明したとおりです。より正確な決算数値を求めるという観点からは，時期としては，期末日一斉棚卸，タグ方式ということになると考えられますが，自社の在庫，帳簿の管理レベルと実地棚卸の目的のどの目的を重視するのかによって，時期や方法を工夫して計画することになります。

② 在庫量の季節的変動要因の考慮

例えば，百貨店などの流通業は，季節的に２月と８月は売り上げが減少し，保有する在庫も少なくなる傾向が高いため，実地棚卸の手数を少なくするために，２月と８月に一斉棚卸を行うケースが多いと思われます。流通業は，同様の要因で，決算期末を２月としている会社が多くなっています。

③ 在庫の保有状況の考慮

自社内でどの在庫をどの事業所で保有しているのか，自社内で在庫の移動はどのように行われているのかなどを十分に把握して計画することが必要です。例えば，三つの事業を営む会社においては，実地棚卸を事業ごとに工場や支店をグルーピングして，事業ごとに行うことなども考えられます。

④ 在庫の管理レベルの考慮

在庫の管理レベルが高い場合には，一斉棚卸以外の方法を用いることもできるでしょう。製造業においては，生産計画に基づいて生産を行っていますので，生産計画も考慮要因の一つとなるでしょう。

⑤ 業務の集中度合いの考慮

月末日は月次決算の締め日であることなどもあり，様々な業務処理が重なることから，月末日ではなく，月中の例えば15日や20日に実施し，その後月末日

までは受け払いを加味して月末在庫高とするケースや，期末日ではなく，数か月先行して実地棚卸を行うケースもあります。例えば，3月決算の会社が，1月や2月に実地棚卸を行うようなケースもあります。このような前倒しができるかどうかは，上述した④の在庫管理レベルに大きく影響されます。

⑥ 具体的カウント方法の検討

具体的な現物の数量確認方法も実地棚卸計画や棚卸指示書に盛り込んでおくことが望まれます。具体的なカウント方法を指定していない場合には，現物確認の質や水準が異なってしまいます。一般的な方法としては，2人一組でカウントし，一方が現物を確かめながら数量をカウントし，もう一方が記録するという方法です。

また，携帯端末を用いる場合には，その操作方法も記述しておくことが必要になります。

⑦ 社内立ち合いの方法の検討

実地棚卸の実際の担当者が数量確認したのみでは，記載誤りなどが生じる可能性や実際に数えずに，在庫の入出庫表の数量を転記するなどの事態が生じてしまう可能性がありますので，きちんと実際に数えていることをチェックし，抜き打ちで再カウントを行う，社内立ち合いについても決めておく必要があります。このようなチェック体制がない場合には，会社の統制活動としては十分とは言えません。

⑧ 実地棚卸当日のスケジュールの検討

実地棚卸当日のスケジュールについても決めておく必要があります。

⑨ 棚卸責任者の決定

実地棚卸を行う責任者及び各部署の担当者なども決めておく必要があります。

(2) 担当部署に対する棚卸計画と棚卸指示書の交付

上述した(1)に基づいて作成された計画及び各棚卸担当部署ごとの作業指示書が各部署に交付されます。一般的には，各部署の担当者を集めて，実地棚卸説明会を行って周知徹底されます。この説明会では，説明のみではなく，質疑応

答がなされます。

　実際に棚卸を実施する各部署においては，具体的な担当者を決めるとともに，カウント方法の指示，現場の整理整頓方法，手順などの事前準備を行います。

(3) 事前準備

　実地棚卸をスムースに行うためには，事前準備が必要です。例えば，棚卸しやすいように，在庫を整理整頓しておくことはもちろんですが，在庫の保管場所などを図にして一覧できるようにしておくことも必要です。また，在庫の保管場所を細分化したブロックに分けて，ブロック担当者を決めて実施することにより，棚卸漏れや二重カウントのリスクを低くすることができます。

　あまり動きがないような在庫については事前に数えて一定単位で袋詰めしておくことなども考えられるでしょう。

(4) 実地棚卸の実施

　実際に，棚卸計画，棚卸指示書などに従って実地棚卸を行います。具体的には，後述する「4．実施棚卸の留意事項」に留意して実施します。

(5) 実地棚卸在庫明細，棚卸差異明細の作成

　実地棚卸の結果を集計し，すべての在庫の明細である実地棚卸在庫明細と実在庫と帳簿在庫の差の明細である棚卸差異明細を作成します。

(6) 棚卸差異の原因分析

　棚卸差異として把握されたものについて，差異の分析を行い，その結果を在庫管理の改善に役立てるとともに，次回以降の実地棚卸の参考とします。

(7) 実地棚卸結果の検討会

　実地棚卸の検討会を開催し，実地棚卸の実施状況，実在庫の報告，棚卸差異の原因分析の結果，発見された不良在庫や不動在庫の状況報告を行い，対応を

検討します。

(8) 実地棚卸結果の会計記録への反映

実地棚卸の検討会の結果を受けて、帳簿在庫を実在庫に修正するとともに、評価損や簿価切り下げについて、会計記録へ反映します。

4．実地棚卸の留意事項

(1) 棚卸責任者の棚卸終了時点までの現場指揮

実地棚卸は、会社として重要な業務ですので、実地棚卸の責任者は、棚卸の終了まで現場で指揮をとる必要があります。

(2) 在庫環境，在庫品の整理整頓

実地棚卸をスムースに実施するためには、前述したとおり、事前準備を行っておくことが必要です。棚卸作業に支障がないように、在庫の保管場所及び在庫を整理整頓した上で、実地棚卸を行う必要があります。在庫があちらこちらに点在しているような場合には、二重カウントやカウント漏れが生じる可能性を高めます。

(3) 棚卸対象区域全般にわたる漏れ，重複棚卸への配慮

実地棚卸の対象となる在庫の保管場所すべてにおいて、カウント漏れや二重カウントがないように十分に配慮して棚卸を行うことが必要です。多種多様な在庫を保有している場合には、やはり、タグ方式によることが望ましいと思われます。

(4) 棚卸実施中の現品の移動への配慮

棚卸実施中には、在庫現品の移動は行わないことが原則です。もし移動があれば、実地棚卸数量と記録数量との比較可能性を保持するための正当な注意を払うことが不可欠です。

(5) 現品の件数カウントの正確性及び棚卸票やリストの記載事項
   (含,記載方法)

　実地棚卸は,在庫の管理状況や在庫金額を確定させるための重要な業務手続ですので,正確なカウント,棚卸票やリストの正確な記載には十分に留意することが必要です。

(6) 不良品,不動品の有無とその評価

　棚卸中に発見した不良品,品質劣化品,不動在庫についてはその評価が問題となりますので,把握漏れのないように留意する必要があります。

(7) 棚卸対象外の預かり品の有無とその処理の妥当性

　棚卸対象外の預かり品がある場合には,その事情が特別にやむを得ないものなのかどうか,預かり品の管理や会計処理が問題となりますので,留意する必要があります。

(8) 外部保管品の有無と代替手続

　外部保管品がある場合には,棚卸漏れが生じないように,また,確かに棚卸資産があることを明確にするために,預かり証明書の入手などの代替手続が必要になります。

(9) カットオフについての十分な理解・配慮

　カットオフは,期間帰属を表しますが,棚卸前後の入出庫処理及び記録が適切になされていない場合には,棚卸差異の原因となります。棚卸前の最終出荷,最終入荷を確定させた上で棚卸を実施するように配慮し,棚卸中の出荷,入荷,棚卸対象範囲内での移動は極力避けるとともに,やむを得ない場合には,十分な配慮と漏れやダブルカウントが起きないようにすることが必要です。

⑽ 棚卸票，棚卸リストなど記録票が漏れなく回収されているか

　棚卸票や棚卸リストなどの記録票が漏れなく回収されなければ，正しい集計がなされず，また，棚卸差異の正しい内容分析もできなくなってしまいますので，記録票は漏れなく回収することが必要です。

⑾ 公認会計士による実地棚卸立ち合いへの配慮

　公認会計士の監査を受けている会社については，公認会計士の重要な監査手続の一つとして実地棚卸の立ち合いが行われますので，公認会計士との打ち合わせや調整が必要になります。

　公認会計士による実地棚卸立会は，実地棚卸が実施要領及び計画のとおり，適正かつ整然と行われているかどうかを観察し，上述した留意事項が適切に行われていることの心証を得るとともに，自ら抜き取り調査を行い現品調査の正確性についての確証を得るために行われる重要な手続です。

5．分譲用土地建物，未成工事支出金，開発事業等支出金，未成業務支出金などの実地棚卸

　分譲用土地建物，未成工事支出金，開発事業等支出金，未成業務支出金などは，建物や土地などの不動産，建設中の建物やプラントなどですので，実地棚卸には，なじみませんが，現況を確かめるために現場視察が行われます。現場視察により，不動産であれば，地番や確かに建物があり誰も住んでおらず販売中であることなどを確かめることができます。また，建設中の建物やプラントなどについては，進捗状況と現況が異なっていないかどうかなどを確かめることができます。

（参考文献等）
・成田智弘・吉田健太郎共著『キーワードでわかる公認会計士監査』税務研究会出版局，2008年1月
・「監査マニュアル二改訂版」日本公認会計士協会監査第一委員会，昭和63年10月

　　　　　　　　　　　　　　　　　　　（公認会計士　成田智弘）

9 デリバティブ

Q 18 デリバティブ取引

デリバティブ取引とはどのような取引ですか。また，その処理はどのように行うのでしょうか。分かりやすく教えてください。

Point

- デリバティブとは，株式，債券などの原資産から派生した金融商品という意味で「金融派生商品」と呼ばれます。
- 一般的に，金融商品といった場合には，金融商品の中にデリバティブも含まれます。
- デリバティブ取引により生じる正味の債権及び債務は，原則として時価をもって貸借対照表価額とし，評価差額は，ヘッジに係るものを除き，当期の純損益として処理されます。
- デリバティブも含めた金融商品は，(1)金融商品の状況に関する事項（定性的情報）と(2)金融商品の時価等に関する事項（定量的情報）の開示が必要となります。

1. 概　要

　デリバティブは，金融派生商品（Financial derivative products，略して「Derivatives」）のことです。金融「派生」というのは，株式，債券，金銭信託，投資信託，外国為替などの金融商品を原資産として，これら原資産から派生した金融商品であるという意味です。具体的には，先物取引，オプション取引，スワップ取引などがデリバティブの代表例となります。一般的に，デリバティ

ブも含めて金融商品と総称されています。

「金融商品取引法」（以下，「金商法」という）2条24項で，わが国の法律上の金融商品が定義されていますが，金融商品取引法においてもデリバティブを含めて金融商品と定義しています。

金融商品会計に関する実務指針（会計制度委員会報告14号）によれば，デリバティブは，次のような特徴を持った金融商品であると説明されています。

> 6．デリバティブとは，次のような特徴を有する金融商品である。
> (1) その権利義務の価値が，特定の金利，有価証券価格，現物商品価格，外国為替相場，各種の価格・率の指数，信用格付け・信用指数，又は類似する変数（これらは基礎数値と呼ばれる）の変化に反応して変化する①基礎数値を有し，かつ，②想定元本か固定若しくは決定可能な決済金額のいずれか又は想定元本と決済金額の両方を有する契約である。
> (2) 当初純投資が不要であるか，又は市況の変動に類似の反応を示すその他の契約と比べ当初純投資をほとんど必要としない。
> (3) その契約条項により純額（差金）決済を要求若しくは容認し，契約外の手段で純額決済が容易にでき，又は資産の引渡しを定めていてもその受取人を純額決済と実質的に異ならない状態に置く。

2．デリバティブの会計処理

(1) ヘッジ以外のデリバティブ取引（金融商品会計基準25項及び88項，金融商品会計実務指針101項～104項）

デリバティブ取引により生じる正味の債権及び債務は，原則として時価をもって貸借対照表価額とし，評価差額は，ヘッジに係るものを除き，当期の純損益として処理することとされています。

① 上場デリバティブ取引の時価評価

取引所に上場しているデリバティブ取引により生じる債権及び債務は，貸借対照表日における当該取引所の最終価格を用いて時価評価します。

② 非上場デリバティブ取引の時価評価

　取引所の相場がない非上場デリバティブ取引の時価は，市場価格に準ずるものとして合理的に算定された価額が得られればその価額を用いて時価評価します。

　非上場デリバティブ取引の時価評価にあたっては最善の見積額を使用しますが，取引慣行が成熟していないため内容が定まっていない一部のクレジット・デリバティブ，ウェザー・デリバティブ等で公正な評価額を算定することが極めて困難と認められるデリバティブ取引については，取得価額をもって貸借対照表価額とします。

(2) ヘッジに係るデリバティブ取引（金融商品会計基準Ⅵ.4）

　時価評価されているヘッジ手段に係る損益又は評価差額を，ヘッジ対象に係る損益が認識されるまで純資産の部において繰り延べます。なお，純資産の部に計上されるヘッジ手段に係る損益又は評価差額については，税効果会計を適用しなければなりません。

3．デリバティブの時価開示

　デリバティブも含めて，金融商品は，「金融商品の時価等の開示に関する適用指針」（企業会計基準適用指針19号）に基づいて，(1)金融商品の状況に関する事項（定性的情報）と(2)金融商品の時価等に関する事項（定量的情報）の開示が必要となります。

(1) 金融商品の状況に関する事項（定性的情報）
　① 金融商品に対する取り組み方針
　② 金融商品の内容及び当該金融商品に係るリスク
　③ 金融商品に係るリスク管理体制
(2) 金融商品の時価等に関する事項（定量的情報）
　① 貸借対照表日における科目ごとの貸借対照表計上額

② 貸借対照表日における科目ごとの時価
　③ 貸借対照表日における科目ごとの貸借対照表計上額と時価との差額
　④ 科目ごとの時価の算定方法
　⑤ ②から④までに掲げる事項に関する説明

　有価証券については，保有目的ごとの区分に応じた注記事項，金銭債権及び満期がある有価証券（ただし，売買目的有価証券を除く）については，償還予定額の合計額を一定の期間に区分した金額の注記，社債，長期借入金，リース債務及びその他の有利子負債については，返済予定額の合計額を一定の期間に区分した金額の注記，金銭債務については，貸借対照表日における時価の開示に加えて追加的な注記，時価を把握することが極めて困難と認められるため，時価を注記していない金融商品については，当該金融商品の概要，貸借対照表計上額及びその理由の注記が必要となります（金融商品の時価等の開示に関する適用指針4～5）。

　デリバティブ取引については，取引の対象物の種類（通貨，金利，株式，債券及び商品等）ごとに，次の事項を注記する必要があります。

(1) ヘッジ会計が適用されていないもの
　① 貸借対照表日における契約額又は契約において定められた元本相当額
　② 貸借対照表日における時価及び当該時価の算定方法
　③ 貸借対照表日における評価損益
　なお，当該注記にあたっては，デリバティブ取引の種類（先物取引，オプション取引，先渡取引及びスワップ取引等）による区分，市場取引とそれ以外の取引の区分，買付約定に係るものと売付約定に係るものの区分，貸借対照表日から取引の決済日又は契約の終了時までの期間による区分等の区分により，デリバティブ取引の状況が明瞭に示されるように記載します。

(2) ヘッジ会計が適用されているもの
① 貸借対照表日における契約額又は契約において定められた元本相当額
② 貸借対照表日における時価及び当該時価の算定方法

なお，当該注記にあたっては，ヘッジ会計の方法，デリバティブ取引の種類，ヘッジ対象の内容等の区分により，ヘッジ会計の状況が明瞭に示されるように記載します。

また，上記②の注記にあたり，金利スワップの特例処理（金融商品会計基準注解14）及び為替予約等の振当処理（外貨建取引等会計処理基準注解7。ただし，予定取引をヘッジ対象としている場合を除きます。）については，ヘッジ対象と一体として，当該ヘッジ対象の時価に含めて注記することができます。

これらの時価等の開示は，有価証券報告書提出会社においては，もちろんですが，基本的には，会社法のみが適用される会社の計算書類においても求められます。ただし，会社計算規則の109条においては，重要性の乏しいものを除き，次の事項を記載することとされています。

一 金融商品の状況に関する事項
二 金融商品の時価等に関する事項

一般的に，企業会計基準適用指針19号「金融商品の時価等の開示に関する適用指針」を参考にし，各社の実情に応じて，概括的に記載するという実務が行われています。

（参考文献等）
・日本公認会計士協会東京会編『会社法決算書類の作成と開示実務＜第5版＞』税務研究会出版局，2011年3月
・「会社法施行規則及び会社計算規則による株式会社の各種書類のひな型（改訂版）」2012年1月11日，社団法人日本経済団体連合会経済法規委員会企画部会

（公認会計士　成田智弘）

10 有形固定資産

Q 19 有形固定資産の取得原価

有形固定資産の取得原価はどのように決められるのでしょうか。

> **Point**
> ・購入の場合…購入代金＋付随費用＋事業共益費用
> ・建設等の場合…原材料費＋労務費＋経費＋事業共益費用
> 　　　　　　　　または
> 　　　　　　　　適正な原価計算に基づいて算定された原価
> ・その他（贈与，交換等）…取得時の時価＋事業供用費用
> ・少額減価償却資産（10万円未満）の場合，資産計上せず損金算入が可能です。
> ・中小企業者等の特例により，30万円未満の固定資産について損金算入が可能です。
> ・一括償却資産は，20万円未満の減価償却資産に適用することが可能で，3年均等で償却します。
> ・資本的支出があった場合は，新たな資産の取得とみなされます。

1．概　　要

まずは簿記2，3級の復習として有形固定資産を取得したときの基本的な仕訳を確認しましょう。

(例) 建物を購入し、代金1,000と購入にかかる手数料50を現金で支払った。

(借) 建 物	1,050	(貸) 現 預 金	1,050

　上記のとおり、簿記2、3級では、有形固定資産を購入した場合の取得価額は「本体の価格＋付随費用」であることを学びました。

　企業会計原則では、有形固定資産の取得原価についての取り扱いを次のように定めています。「有形固定資産の取得原価には、原則として当該資産の引取費用等の付随費用を含める」（企業会計原則第三、5、D）。これだけを読むと、簿記2、3級で学んだことと同じであることが分かります。

　しかしながら、企業会計原則で規定されている「当該資産の引取費用等の付随費用」が具体的に何を指しているのか、経理実務を行うにあたってはイマイチよく分からないのが現状です。

　これにつき税務では、公正な会計慣行をしん酌して取り扱うべきとされており、例えば、「法人税法施行令」（以下、「法令」という）においては減価償却資産の取得価額の規定を具体的に定めています。そこで、詳細な有形固定資産の取得原価を決定するため、法人税に係る諸規則を参考にしながら説明したいと思います。

2．取得の態様別の取得価額

　固定資産の取得の態様には、購入以外にも、建設、交換・贈与、生育、適格合併等による移転及び適格分割、適格現物出資または適格現物配分による移転があります。本節では、実務上頻繁に発生する、購入について具体的に解説し、建設や交換については実務上経験することが少ないため概要のみ説明します。

(1) 購入の場合

(例1) 機械を購入し、代金1,000の他に引取運賃50及び事業の用に供するための試運転費用20を現金で支払った。

(借) 機 械 装 置	1,070	(貸) 現 預 金	1,070

(例2) 自社建物の建設を外注し，10,000を現金で支払った。なお，建物はまだ完成していない。

| （借）建 設 仮 勘 定　10,000 | （貸）現　　預　　金　10,000 |

(例3) （例2）の自社建物が完成した。なお，建設仮勘定の金額は50,000である。

| （借）建　　　　　物　50,000 | （貸）建 設 仮 勘 定　50,000 |

有形固定資産を購入した場合の取得価額は，①～③の合計です（法令54条1項2号）。

① 資産の購入代価
② 引取運賃，荷役費，運送保険料，購入手数料，関税（付帯税^(注1)を除く）その他その資産の購入のために要した費用がある場合には，その費用を加算した金額
③ その資産を事業の用に供するために直接要した費用の額

上記をまとめると，

（購入した有形固定資産の取得価額）

取得価額＝購入代金＋付随費用＋事業供用費用

事業供用費用とは，資産を購入した後に当該資産を使えるようにするための費用をいいます。

(2) 建設等（建設，製作，製造）の場合

(例) 建物を自家建設し，材料費1,000，労務費1,000，経費500を支出した。なお，建物を事業の用に供するため100を支出した。

| （借）建　　　　　物　2,600 | （貸）現　　預　　金　2,600 |

有形固定資産を自己の建設，製作または製造（以下，建設等）した場合の取得価額は，①及び②の合計である（法令54条1項2号）。

① その資産の建設等のために要した原材料費，労務費及び経費の額
② その資産を事業の用に供するために直接要した費用の額

　法人が，自家建設に係る減価償却資産につき算定した建設等の原価が①及び②に掲げる合計額と異なる場合，その原価の額が適正な原価計算に基づいて算定されているときは，その算定した原価の額を取得価額とみなします（法令54条2項）。適正な原価計算が行われていることを前提として，原価差額の調整をせず，法人の算定した原価の額をそのまま取得価額とすることが認められるという意味です。

　適正な原価計算は，簿記2級の工業簿記で学んだ原価計算のことです。「原価計算基準」に掲げられている個別原価計算，総合原価計算及び工程別原価計算などで計算された原価であれば，法人税法でも取得価額として認められます。

　上記をまとめると，

　　（建設等により取得した有形固定資産の取得価額）
　　取得価額＝原材料費，労務費及び経費の合計額＋事業供用費用
　　または
　　適正な原価計算に基づいて算定された原価の額

(3) 贈与，交換，代物弁済等の場合

　贈与，交換等による取得の場合の取得価額は，次に掲げる金額の合計額です（法令54条1項6号）。
① その取得の時における当該資産の取得のために通常要する価額（＝時価）
② 当該資産を事業の用に供するために直接要した費用の額

　贈与，交換，代物弁済等により取得した場合は，その資産の時価がベースとなり，それに事業供用費用を加算した額が取得価額となります。ただし，時価と異なる価額で取得した場合には，原則として，時価と取得価額との差額が，寄付金または受贈益として認定されることになります。

(4) 減価償却計算の開始時期

上記の通り取得価額には，使用するために発生した事業供用費用までを含むことが分かりました。つまり，事業に供したまでが「取得」という行動といえます。

そのため，減価償却費についても，取得日ではなく事業の用に供した日から開始されます。

実務上，償却計算ソフトを使用されている方であれば，固定資産の登録の際に，「取得日」と「事業供用日」を別々で入力されているので，分かりやすいかと思います。

3．有形固定資産の種類別の取得価額

(1) 土 地
① 土地の取得価額に算入すべき付随費用

土地を取得するために直接要した費用は，土地の取得価額に算入します。土地の取得は，購入による場合がほとんどで，購入代金に購入手数料を加算して取得価額を求めます。また，以下の負担金，立退費用等の費用も取得価額に加算する必要があります。

> ア　土地，建物等の取得に際して支払う立ち退き料等（法基通7－3－5）
> イ　宅地開発等に際して支出する開発負担金等（法基通7－3－11の2）
> ウ　土地とともに取得した建物等の取壊費用（法基通7－3－6）
> エ　土地の改良費用（法基通7－3－4本文）
> オ　土地についてした防壁，石垣積み等の費用（法基通7－3－4）
> 　　※規模によっては構築物とする
> カ　地鎮祭，起工式及び上棟式の費用（法基通7－3－7）

ウ　土地とともに取得した建物等の取壊費用（法基通7－3－6）

　　建物付きの土地を取得した場合，建物が既に現行の建設基準法に抵触するほど古い，取得した土地に別の建物を建設したい，または駐車場を経営

したい等の理由で，取得した当初から建物を取り壊して土地を利用する目的がある場合には，おおむね１年以内に取り壊した場合，償却後の帳簿価額と取り壊し費用の合計額を土地の取得価額に算入することができます。

ただし，当初は建物を利用する目的があったとしても，やむを得ない理由で建物を取り壊さざるを得ない場合は，建物の帳簿価額＋取壊費用を，除却損として損金として算入することが認められます。また，建物を取り壊して土地を利用するかどうかが明らかでない場合は，建物等の帳簿価額＋取壊費用，を損金の額に算入することができます。

(2) 建　　　物

建物の取得は，主に購入による取得と自家建設による取得の場合に分けられます。

① 購入の場合

購入代金に購入手数料などの付随費用を加算します。

また，既述の通り，建物の建設のために行う地質調査，地盤強化，地盛り，特殊な切土等の工事に要した費用の額は，建物の取得価額に算入します。

② 自家建設

建物の建設等のために要した原材料費，労務費及び経費の額と，その建物を事業の用に供するために直接要した費用の額の合計額を取得価額としますが，その原価が適正な原価計算基準に基づいて算定されているときは，その算定した製造原価の額を取得価額とします。

取得した中古の建物に廃棄物が残っているケースにおける処分費用については，処分費用が発生すると承知の上で建物を取得し，かつ当該処分費用を負担しなければ建物を事業の用に供することができない場合，建物の取得価額に算入するものとします。

(3) 建物附属設備
① 概　　要

建物附属設備には，以下のものが含まれます。

ア　電気設備，給排水設備，衛生設備及びガス設備
イ　冷暖房設備，照明器具，通風設備，ボイラー設備及びエレベーター設備
ウ　消火設備，災害報知設備，エアカーテン，ドア自動開閉設備，アーケード，日よけ設備，店用簡易装備，可動間仕切り

---

② 建物との区別

　例えば，パーテーション（間仕切り）の場合，建物の一部かそれとも建物の機能を高めるものとして建物附属設備となるか判断を求められる場合があります。

　一般的には，建物に固着されていれば建物，可動式で他の場所でも使用可能であれば建物附属設備と判断する場合が多いです。

　また，賃借建物に係る造作であっても，その造作が建物部分についてされたときは，その建物の耐用年数，その造作の種類，用途，使用材質等を勘案して耐用年数を合理的に見積もります。一方，その造作が建物附属設備についてされたときは，建物附属設備の耐用年数により償却します（耐通1－1－3）。

　上記をまとめると，

造作の設置状況	勘定科目	耐用年数
建物と一体	建物	総合的に見積もる
建物と一体ではない	建物附属設備	別表第一から選択・適用

　したがって，自社物件を所有していなくても，建物勘定が貸借対照表に計上される可能性があることに留意してください。

　同一の賃貸建物についてした造作は，その耐用年数は個々にこれを適用するわけではなく，そのすべてを一の資産として償却し，その耐用年数は，その造

作を総合して見積もることに留意してください（同通達の注）。つまり、加重平均法等の方法によって、造作全部について1つの耐用年数を見積もることになります。

なお、以下の条件の場合は賃貸期間を耐用年数として償却することができます。

　ア　建物の賃貸期間が契約等により決まっている
　イ　更新ができない契約内容がある
　ウ　賃貸人に対する買取請求または造作費の請求ができない

(4) 機械装置
① 機械装置の取得価額

機械装置についても、建物と同様、購入と自家建設に分けます。

付随費用……引取運賃、荷役費、運送保険料、購入手数料、関税（付帯税は含めず）など

事業供用費用……据付費、試運転費用など

② 機械装置にソフトウェアが組み込まれている場合

機械装置自体に、制御用のソフトウェアなどが組み込まれている場合、ソフトウェアを区分すべきか、機械装置と一体として取り扱うのかが問題となります。

結論から、この場合のソフトウェアは以下の条件で会計上、機械装置の取得原価に算入します（研究開発費等実務指針41項）。

　ア　機器とソフトウェアは別個では何ら機能せず相互に有機的一体
　イ　経済的耐用年数も両者に相互関連性が高い

また、法人税法上も、基本的に同様の考え方です。

4．取得価額に算入しないことができる費用

付随費用及び事業供用費用であっても、有形固定資産の取得価額に算入しないことができます（法基通7－3－3の2）。つまり、以下に挙げる費用は、有

形固定資産の取得に関連して支出する費用であっても，当該取得原価に算入するかどうかを法人の選択に委ねるものとしています。

> ① 租税公課等の額
>   ア 不動産取得税または自動車取得税
>   イ 特別土地保有税のうち土地の取得に対して課されるもの
>   ウ 新増設にかかる事業所税
>   エ 登録免許税その他登記または登録のために要する費用
> ② 建物の建設等のために行った調査，測量，設計，基礎工事等でその建設計画を変更したことにより不要となったものに係る費用の額
> ③ 契約解除に伴う違約金
> ④ 資産の使用開始前の期間に係る借入利子
> ⑤ 割賦購入資産につき，購入代価と割賦利息等が明確に区分されている場合の割賦利息等
> ⑥ 新工場の落成，創業開始等に伴い支出する記念費用等のような事後的に支出する費用

租税公課等は，いずれも固定資産の取得に関連して納付するものであるから，取得価額に算入しなければならないという考え方はあり得えます。しかし，これらの租税公課等は，一種の事後費用であり，その性格は流通税的なもの，または第三者対抗要件(注2)を具備するための費用であって，必ずしも固定資産の取得価額そのものとは言い切れません。そこで法人の選択に委ねられるものとされています。

5．土地，建物の取得に際して支払った固定資産税相当額の取り扱い

固定資産税は，毎年1月1日現在の所有者に対して課税されるものであり，年の途中で所有者が移転したとしても，納税義務者はあくまでも売主のままです。その際，所有権移転後も売主がその年の12月31日まで負担していく固定資

産税については，売買契約時に日割計算し通常売買代金に加算されます。

そして加算された固定資産税については，土地・建物の取得価額に算入します。

6．少額減価償却資産の取り扱い

　取得価額（購入代金＋付随費用＋事業供用費用）が10万円未満の場合，当該資産を事業の用に供した日の属する事業年度に費用計上したときは，その事業年度に損金算入することができます（法令133条）。会計上，償却性資産であれば金額によらず，資産計上した後減価償却をする必要があります。しかし，このルールを適用すると，例えば20,000円のファクシミリであっても償却資産台帳に載せた後，数年にわたり償却していく必要があり，事務手続上，非常に煩雑です。そのため，当該税務上のルール適用により事務的手続は簡便的になります。

　判定は通常取引される１単位ごとに行われます。

　例えば，応接セットの場合，テーブルとソファは一体であるため，10万円の判定は応接セット全体で考えます。一方，書類用の棚については，１台ごとに単独で使用できるため，１台の取得価額で判定します。

　また，使用可能期間が１年未満の減価償却資産についても，費用計上することを要件として損金算入が認められています。

7．中小企業者等の特例

　6．少額減価償却資産の取り扱いを，以下の要件で取得価額30万円にまで広げることが可能です。適用可能期間は，平成18年４月１日～平成24年３月31日となっています。

（要件）

① 資本金１億円以下で，青色申告書を提出している中小企業等

② 費用計上をしていること

③ １事業年度の限度額は300万円

④ 確定申告書に少額減価償却資産の取得価額に関する明細書（別表16(6)）を添付

8．一括償却資産の取り扱い

取得価額が20万円以下の減価償却資産は，事業年度ごとに一括して3年で償却する方法を適用できます（法令133条の2）。

判定は，少額減価償却資産の取り扱いと同様に，通常取引される1単位ごとに行われます。

損金算入限度額

$$損金算入限度額 ＝ 一括償却対象額 \times \frac{事業年度の日数（通常12か月）}{36}$$

※期中の取得であっても月数による按分はありません。

（要件）
① 事業の用に供した減価償却資産である
② 取得価額は20万円未満である
③ 少額減価償却資産の損金算入の規定の適用を受けていない資産である
④ 全部又は一部につき費用計上をしていること

9．資本的支出と修繕費

① 資本的支出（法令132条）

固定資産の価値を高め，またはその耐久性を増すこととなる部分に対応する金額は，資本的支出とされ，取得価額を構成すべきことから，原則として支出した日の属する事業年度の損金の額に算入されません。

1　その資産の取得時において通常の管理または修理をするものとした場合に予測される使用可能期間を延長させる支出額
2　その資産の取得時において通常の管理または修理をするものとした場

> 合に予測される資産の価額を増加させる支出額

資本的支出の例

> 1 建物の避難階段の取付等,物理的に付加した部分に係る費用
> 2 用途変更のための模様替え等,改造または改装に直接要した費用
> 3 機械の部分品を特に高品質または高性能のものに取り替えた費用のうち,通常の取替費用を超える部分

② **修繕費（法基通7－8－2）**

　固定資産の修理,改良等のために支出する金額のうち,固定資産の通常の維持管理のため,または毀損した固定資産につきその原状を回復するために要したと認められる部分の金額は修繕費となり,その事業年度の損金の額に算入されます。

修繕費の例

> 1 建物の移えいまたは解体移築に要した費用
> 2 機械装置の移設費用
> 3 地盤沈下した土地を沈下前の状態に回復するために行う地盛りに要した費用

③ **少額または周期の短い費用（法基通7－8－3）**

　以下のいずれかの場合,資本的支出であっても,修繕費として損金算入が可能です。

> 1 20万円未満である。
> 2 修理,改良がおおむね3年以内の期間を周期として行われていることが,既存の実績で明らかである。

10. 資本的支出に該当する場合の償却計算

　資本的支出があった場合には，平成19年度税制改正前においては，その金額をその資本的支出の対象となった減価償却資産の取得価額に加算することとされていました。

　平成19年度税制改正後においては，以下の表のとおり，新たに取得したものとされることになりました。

① 原則（法令55条1項）

	平成19年3月31日以前取得の資産	平成19年4月1日以後取得の資産
考え方	新しい資産の取得とみなす	新しい資産の取得とみなす
償却方法	（新）定額法，（新）定率法	（新）定額法，（新）定率法
耐用年数	資本的支出対象資産と同じ年数	資本的支出対象資産と同じ年数

② 平成19年3月31日以前に取得した減価償却資産に対する資本的支出の特例（法令55条2項）

　平成19年3月31日以前に取得した減価償却資産に対する資本的支出を行った場合，従来（改正前）どおり，資本的支出を行った事業年度において，資本的支出の対象となった減価償却資産の取得価額に，資本的支出の金額を加算することができる特例が設けられました。これにより，平成19年3月31日以前に取得した減価償却資産に対する資本的支出部分についても，旧定額法，旧定率法を適用することが可能となりました。

　ただし，事業年度中の資本的支出については，月数按分が必要となります。

③ 定率法を採用している減価償却資産に対する資本的支出の特例（法令55条4項）

　前事業年度において資本的支出がある場合において，その資本的支出の対象となった減価償却資産（以下，「旧減価償却資産」という）につき定率法を採用し，かつ，その資本的支出により新たに取得したものとされた減価償却資産（以下，「追加償却資産」という）も定率法を採用している場合，当事業年度の開始時に

おいて，その時における旧減価償却資産の帳簿価額と追加償却資産の帳簿価額との合計額を取得価額とする一の減価償却資産を，新たに取得したものとすることができます。

　機械及び装置のように，頻繁に資本的支出を行う資産の場合，資本的支出を行うたびに登録される資産が償却資産台帳に増えると，管理上の事務手続が煩雑になります。

　その点，この特例を適用すれば，煩雑さを軽減することができます。

〈文中の注記〉
（注１）　付帯税…適正に税金を納付しなかったことによるペナルティの総称
（注２）　対抗要件…すでに当事者間で成立した法律関係・権利関係を当事者以外の第三者に対して主張するための法律要件をいう。
　　　　　例　土地を所有しているＡが，買主Ｂと買主Ｃの両方に当該土地を売ったとする。この場合，買主Ｂと買主Ｃのうち先に登記を行った方を適法な買主とする。
　　　　　　　この場合の対抗要件は，先に登記を行うことをいう。

（参考文献等）
・太田達也著『固定資産の税務・会計　完全読本』税務研究会出版局，2010年11月

（公認会計士　鄭英哲）

Q 20　有形固定資産の耐用年数

有形固定資産の耐用年数はどのように決められるのでしょうか。

Point

・会計上も，税務上の法定耐用年数（「減価償却資産の耐用年数等に関する省令」の別表一〜六）を適用することが認められています。
・中古資産を購入した場合は簡便法で計算します。
・減価償却資産を使用する過程で，特段の事情があれば耐用年数を短縮できる場合があります。

1．概　　要

　耐用年数は，取得価額，減価償却方法，残存価額と並んで，減価償却限度額を計算する上での重要なファクターとなります。

　本章では，実務上頻繁に経験する，耐用年数の決定及び中古資産の残存耐用年数の決定を中心に解説したいと思います。

　耐用年数とは，経済的な使用可能年数であり，物理的な使用年数ではありません。例えば，ある一定の年数を経過すると，物理的には使用可能であったとしても，経済的にはその機能を維持するための費用が相当程度必要となり，経済的には買い換えた方が有利になる時点が存在します。また，新モデルの出現による買い替えの必要性といったことも起こり得ます。耐用年数はそのような経済的要因も総合的に勘案された上で決定されます。

　とはいえ，買い替えた方が有利かどうかの判断や，新モデルの出現までを耐用年数の決定要素に含めることは非常に煩雑です。また，同じ資産にもかかわらず適用する耐用年数が異なれば，費用（≒損金）の金額は異なってきます。そのため，法人税の正しい計算のためにも煩雑な見積は極力排除したいところ

です。

　税務上，そのような煩雑な見積を排除するため，様々な規定を設けています。

償却率の選択

　減価償却費の計上について，例えば備品の場合には，次のように仕訳を行います。

（借）備品減価償却費 357,000　　（貸）備品減価償却累計額 357,000

取得価額：1,000,000円
耐用年数：7年
償却率：償却率表の耐用年数7年から，「0.357」を選択

2．税務上の取り扱い

　税務上では償却限度額を計算するときの基礎となる耐用年数は，「減価償却資産の耐用年数等に関する省令（以下耐令）」の別表一から六までに定められている年数に従うとされています。ここに掲載されている耐用年数は，「法定耐用年数」と呼ばれ，企業が独自に見積もることは認められていません。また，簿記2，3級では問題文に耐用年数が与えられていましたが，実務では，同じ備品であっても種類によって耐令の別表一から適切な法定耐用年数を選択しなければなりません。

　というわけで，実務上，償却すべき固定資産に耐用年数を適用する場合は，耐令の別表から選択します。なお，機械及び装置の法定耐用年数は平成20年の税制改正により，耐用年数の種類が390区分から55区分にまで整理されており，実務上簡便的になっています。

3．会計上の取り扱い

　結論としては，法定耐用年数を適用すれば，会計上も原則問題ありません。
上記で，実務上，適用すべき耐用年数については，税務上の法定耐用年数で

あると説明しました。では，会計上も画一的に税務上の法定耐用年数を適用してもよいのでしょうか。

答えは，会計上でも法定耐用年数を適用することは原則認められています。

日本公認会計士協会の監査第一委員会報告書（監査の実務適用指針のようなもの）32号「耐用年数の適用，変更及び表示と監査の取扱い」によると，「耐用年数は，企業が自主的に見積決定することを希望している。しかし現状では，税法耐用年数の適用が広く行われ，一般の慣行ともなっているので，これを直ちに否定することは実情にそぐわない。このため，いわば過渡的な措置として，実態と明らかな相違がある等の事実が認められない限り当面，<u>税法耐用年数の適用を妥当なものと認めて差し支えないものとした。</u>」つまり，法定耐用年数では5年となっているサーバー用のパソコン（電子計算機）を，ある企業では使用状況や製品ライフサイクルを見て1年で買い換えているような状況がない限り，法定耐用年数を会計上も適用してもよいということになります。

本章では，中古資産を購入した場合の残存耐用年数，資産を使用している最中の税制改正により変更した法定耐用年数，総合償却資産の含まれる中古資産に適用する耐用年数も解説します。このような場合でも，税務上の耐用年数を会計上の耐用年数として適用して問題ないと考えられます。

4．機械及び装置に適用すべき耐用年数の判定

機械及び装置は，日本標準産業分類の中分類^(注)をベースとした資産区分がなされています。

そして，機械及び装置の法定耐用年数については，平成20年度に税制改正が行われています。改正前は設備の種類が390区分もありましたが，改正後は55区分に改められました。

機械及び設備は，その法定耐用年数が「産業別」に分けられているように，いわゆる「業務用」というイメージがあります。業務用であれば取得価額も多額になりがちです。そのため，選択すべき法定耐用年数を誤ると，その後の減価償却の計算が大きくずれ込むことになるので，機械及び装置の法定耐用年数

の選択は他の資産に比べて慎重になります。

よって，平成20年度の税制改正によって法定耐用年数の選択肢が狭まったことで適切な法定耐用年数を選択するための事務負担は軽減されたといえます。

また，監査第一委員会報告書32号「耐用年数の適用，変更及び表示と監査の取扱い」でも，「税法耐用年数の改正に従って耐用年数を変更した場合も，その変更が明らかに実態と相違する等の事実が認められない限り耐用年数を合理的なものにするための変更と認めることとした。」とされており，当該税制改正による耐用年数の変更も会計上認められていると解釈できます。

(1) いずれの業務用の設備として通常使用しているかによる判定

どの業種に属するかではなく，どの業種用の設備として通常使用しているかにより判定する点に注意してください。つまり，何業で使われているかで判断するのではなく，何業でどのように使用されているのかで判断されます。そのため，同じ工場内での設備であっても，使われ方によっては異なる耐用年数が適用されることになります。

また，2以上の機械及び装置が集まって一の設備を構成する場合には，その全部に対して別表二から1つの法定耐用年数を適用します（耐通1－4－2）。

(2) 最終判定に基づく判定

(1)で説明しました，「いずれの業種用の設備として通常使用しているか」は，当該設備に係る製品のうち最終的な製品に基づき判定します。

例えば，ある工場で「半導体集積回路」を製造しているとします。半導体集積回路製造設備の法定耐用年数は別表二によると，設備の種類は「20　電子備品，デバイス又は電子回路製造業用設備」，そのうち細目は「フラットパネルディスプレイ，半導体集積回路又は半導体素子製造設備」であるため，法定耐用年数は「5年」となります。

しかし，当該工場内では，完成された「半導体集積回路」を自社で製造しているパソコンに組み込んで販売していたとします。この場合，「半導体集積回

路製造設備」のさきほどの「5年」ではなく，別表二の「22　情報通信機械器具製造業用設備」となり，法定耐用年数は「8年」となります。つまり，半導体集積回路を製造しているのではなく，あくまでパソコンを製造している設備という判定になるのです。

(3)　中間製品に係る設備の規模の割合が相当程度である場合

(2)で解説したように，耐用年数は最終製品に基づいて判定されます。しかし，最終製品に係る一連の設備を構成する中間製品に係る設備の規模が当該一連の設備に占める割合が相当程度であるときは，当該中間製品に係る設備については，最終製品に係る業用設備の耐用年数を適用せず，当該中間製品に係る業用設備の耐用年数を適用します。

相当程度かどうかの判定は，製造された中間製品のうち，他に販売している数量等の割合がおおむね50％を超えるかどうかとされています（耐通1－4－4）。

さきほどの例を挙げてみます。

自社で製造しているパソコンに組み込むために自社内で製造した半導体集積回路を，外部にも販売していたとします。そして，半導体集積回路の生産量がパソコン用よりも多いとします。この場合は，「22　情報通信機械器具製造業用設備」の「8年」ではなく，「フラットパネルディスプレイ，半導体集積回路又は半導体素子製造設備」の「5年」を適用します。つまり，割合が多い方の耐用年数を適用するということになります。

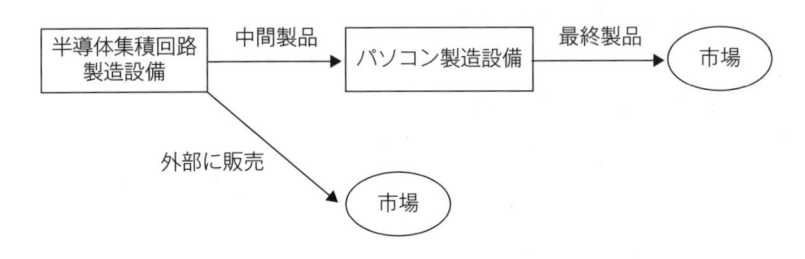

```
半導体集積回路     中間製品              最終製品
製造設備     ────→  パソコン製造設備  ────→  市場
       │
       │ 外部に販売
       └──────────→  市場
```

(4) 複合的なサービス業に係る設備に適用する耐用年数

それぞれの設備から生ずる役務の提供が複合して一の役務の提供を構成する場合の当該設備については，それぞれの設備から生ずる役務の提供に係る業務用の設備の耐用年数とします（耐通1－4－6）。

あるホテルの中には，クリーニング設備，浴場設備などといった，宿泊という役務を提供するための設備が数多くあります。こういった場合には，「47 宿泊業用設備」の「10年」で統一すればよいことになります。

5．中古資産の取り扱い

(1) 概　　要

これまで説明しました法定耐用年数は，あくまで新品を購入した場合の耐用年数です。仮に，購入した資産が中古品であった場合，新品の耐用年数を適用するのは不合理といえます。

そこで中古資産については，残存耐用年数を見積もることが認められており，法定耐用年数を短くすることが可能です（耐令3条1項1号）。ただし，耐用年数を短くすることは，強制ではなく任意ですので，新品購入を前提とした法定耐用年数を用いることもできます。

残存耐用年数を見積もることは，当該資産を事業の用に供した事業年度においてすることが可能であり，その後の事業年度で算定することはできません（耐通1－5－1）。

(2) 残存耐用年数の見積方法

残存耐用年数を見積もる方法としては，見積法と簡便法があります。

① 見積法（原則（耐令3条1項1号））

企業が独自に，中古資産の残存耐用年数を見積もる方法です。実務上，煩雑であるためほとんど使われません。

② 簡便法（特例（耐令3条1項2号））

実務上は，ほとんどの場合，簡便法を適用します。

ア　資本的支出の額≦取得価額×50％

> i 法定耐用年数の全部を経過した資産
>   法定耐用年数×0.2＝見積耐用年数
>
> ii 法定耐用年数の一部を経過した資産
>   （法定耐用年数－経過年数）＋経過年数×0.2＝見積残存年数（1年未満の端数が生じたときは，これを切り捨て，その年数が2年に満たないときは最低2年とする）

　実務上は，上記の算定式における経過年数が不明な場合もあり得ます。経過年数が不明の場合には，その構造，型式，表示されている製作時期などから適正に判断します（耐通1－5－5）。

（例1） 簡便法により，残存耐用年数を算定しなさい。

　平成24年1月10日に鉄筋コンクリート造のオフィス用ビルを中古で購入した。

　経過年数：売主からは明らかにならなかったが，不動産登記簿謄本の「表題部」に「平成13年1月10日新築」と記載がある。

＜解　答＞　41年

＜解　説＞

　ビルの耐用年数：鉄筋コンクリート→50年

　経過年数：（平成24年1月10日）－（平成13年1月10日）＝11年

※経過年数が不明であったため，不動産登記簿謄本の新築日を基礎に計算した。
　残存耐用年数＝(50年－11年)＋11年×0.2＝41.2年→41年（1年未満切捨）

イ　取得価額×50％＜資本的支出≦再取得価額×50％（耐通1－5－6）

　取得した中古資産を事業の用に供するにあたり，その資産について支出した資本的支出の金額がその資産の取得価額の50％を超える場合は，簡便法を適用することは認められていません。次の算式によって計算した年数をもって残存耐用年数とすることができます。

$$\frac{\text{当該中古資産の取得価額（資本的支出の額を含む）}}{\dfrac{\text{当該中古資産の取得原価（資本的支出の額を除く）}}{\text{簡便法による耐用年数}} + \dfrac{\text{当該中古資産の資本的支出の額}}{\text{法定耐用年数}}}$$

＝見積残存年数（1年未満切捨）

（例2） 簡便法により，残存耐用年数を算定しなさい。

さきほどの例題に，以下の条件を加える。

中古の取得価額：1,000万円

再取得価額：1,500万円

ビルを改良するための支出（※資本的支出に該当する）：600万円

＜解 答＞ 43年

$$残存耐用年数 = \frac{1,000 + 600}{\dfrac{1,000}{41年} + \dfrac{600}{50年}} = 43.9年 \to 43年（1年未満切捨）$$

ウ 再取得価額×50％＜資本的支出の額（耐通1－5－2）

法定耐用年数

(3) 中古の総合償却資産の見積

　機械及び装置のような総合償却資産のケースの場合，機械及び装置のうち一部について中古資産を購入した場合，当該中古資産についてだけ個別の耐用年数を適用することはできません。なぜなら，総合償却資産の耐用年数自体が，個々の資産の耐用年数を加重平均として求められており，一部の機械及び装置が中古資産であっても全体の総合耐用年数には影響がないと考えられているためです。

　しかし，工場を一括で取得する場合のように，中古資産が一の設備に属する総合償却資産の相当部分である場合には，加重平均法によって総合残存年数を見積もり，これを他の資産と区分して償却することができます（耐通1－5－8，

1－5－9)。

　この場合，中古資産以外の資産は法定耐用年数を適用し，中古資産は加重平均法で計算します。

(4) 簡便法を適用している最中に，省令改正により法定耐用年数が短縮された場合の再計算の特例

　中古資産の残存耐用年数に簡便法を適用している最中に，平成20年税制改正のような省令改正により法定耐用年数が短縮された場合，どのような取り扱いになるのでしょうか。

　この場合，改正後の法定耐用年数を基礎に，その資産の耐用年数を簡便法により再計算することが認められています（耐通1－5－7)。この場合の再計算において用いられる経過年数は，その中古資産を取得したときにおける経過年数によります（同通達の注)。

6．耐用年数の短縮

　通常の材質・構造・製作方法と異なる，あるいは，通常の条件で使用できない特殊事情があるなど，法定耐用年数では明らかに合理性を欠き，実際の使用可能期間が著しく短いことが明らかになった場合は，耐用年数を短くすることができます。

　あくまで特殊事情がない限り耐用年数の短縮はありませんので，実務上，あまり耐用年数の短縮の手続をすることはありません。よって，本節では概要のみを記載します。

(1) 耐用年数の短縮事由

① その資産の材質または製作方法が，他の資産の通常の材質または製作方法と著しく異なることにより，その使用可能期間が法定耐用年数に比べて著しく短くなった場合
② 資産がある地盤が隆起・沈下したことにより使用可能期間が法定耐用年数に比べて著しく短くなった場合
③ 資産が陳腐化したことにより，使用可能期間が法定耐用年数に比べて著しく短くなった場合
④ 資産が使用されている場所の状況に基因して著しく腐食したことにより，使用可能期間が法定耐用年数に比べて著しく短くなった場合
⑤ 資産が通常の修理または手入れをしなかったことに基因して著しく損耗したことにより，使用可能期間が法定耐用年数に比べて著しく短くなった場合
⑥ 旧耐用年数省令に定める一の耐用年数を用いて償却限度額を計算すべき減価償却資産の構成が，その耐用年数を用いて償却限度額を計算すべき同一種類の他の減価償却資産の通常の構成と著しく異なることにより，使用可能期間が法定耐用年数に比べて著しく短い場合
⑦ 資産が機械装置である場合において，その資産の属する設備が旧耐用年数省令別表第二（機械装置の耐用年数表）に特掲された設備以外のものであること
⑧ その他①から⑦までに準ずる事由

(2) 手　　順

① 提 出 書 類
　ア　適用を受けようとする減価償却資産の種類・名称
　イ　所在する場所
　ウ　使用可能期間
　エ　その他財務省令で定める事項
　オ　添付資料
　カ　短縮事由①〜⑧の事由のいずれかに該当することを証する書類
② 提　出　先
　納税地の所轄税務署長（を経由して所轄国税局長に提出される）（法令57条2項）
③ 承認と取消
　通知は国税局長から書面でなされる（同条5項）
　承認・却下（同条3項）
　ア　承認（申請どおりの使用可能期間）
　イ　承認（申請とは異なる使用可能期間）
　ウ　却下
　　特別の事情（法令57条4項）
　ア　承認の取消
　イ　使用可能期間の伸長
④ 短縮の効果発生開始時
　国税局長からの処分があった事業年度から短縮後の耐用年数を適用可能
⑤ 申請のタイミングに関しての注意点
　申請から承認までは2〜3か月
　3月決算の会社であれば12月までに申請しないと，3月31日の事業年度内に間に合わない可能性があります。

機械及び装置の場合，「承認を受けようとする使用可能期間の算定の明細書」を必ず添付する必要があります。記載方法については「耐用年数の短縮制度について」（国税庁）を参照してください。

申請書の添付資料

> ① 承認を受けようとする使用可能期間の算定の明細書
> ② 申請資産の取得価額が確認できる資料（例：請求書等）
> ③ 個々の資産の内容及び使用可能期間が確認できる資料（例：見積書，仕様書，メーカー作成資料等）
> ④ 申請資産の状況が明らかとなる資料（例：写真，カタログ，設計図等）
> ⑤ 申請資産がリース物件の場合，貸与を受けている者の用途等が確認できる書類（例：リース契約書の写し，納品書の写し等）

(3) 使用可能期間の算定方法

> ① 機械及び装置以外の減価償却資産の場合
> 　　使用可能期間＝短縮事由に該当することとなった資産の取得後の経過年数
> 　　　　　　　　＋短縮事由に該当することとなった後の見積年数
> ② 機械及び装置の場合
> 　　<u>設備の種類と同じくする機械及び装置に属する個々の資産の取得価額</u>
> 　　使用可能期間＝上記の①の取扱いに準じて算定した使用可能期間を当
> 　　　　　　　　該個々の資産の耐用年数として計算した個々の資産の
> 　　　　　　　　年要償却額の合計額

(4) 耐用年数の短縮の対象となる資産の単位

機械及び装置	2以上の工場に同一の設備の種類に属する設備を有するときは，工場ごと

建物，建物附属設備，構築物，船舶，航空機または無形固定資産	個々の資産ごと
他に貸与している減価償却資産	その貸与している個々の資産（当該個々の資産が借主における一の設備を構成する機械及び装置の中に2以上含まれているときは，当該2以上の資産）ごと

(5) 耐用年数短縮に係る申請を省略できる特例（平成20年度税制改正）

耐用年数の短縮に係る承認を受けた後，更新資産との取替が発生→確定申告書の提出期限までに届出書を提出すれば足りる（法令57条7項）
耐用年数短縮の承認に係る減価償却資産と材質または製作方法を同じくする減価償却資産を取得→確定申告書の提出期限までに届出書を提出すれば足りる（同条8項）

(6) 資本的支出に係る耐用年数短縮の申請

耐用年数の短縮を受けている減価償却資産に資本的支出をした場合，短縮した耐用年数により償却を行うときには，(4)の更新資産との取替（法令57条7項）に該当する場合を除き，改めて耐用年数の短縮に係る国税局長の承認を受ける必要があります（法基通7-3-23）。

〈文中の注記〉
(注) 大分類 A農業，林業のうち中分類 01農業 02林業といった具合に産業を区分しています。

(参考文献等)
・太田達也著『固定資産の税務・会計 完全読本』税務研究会出版局，2010年11月

（公認会計士 鄭英哲）

Q21 有形固定資産の残存価額

平成19年3月以前に取得した有形固定資産の残存価額は10％である一方で，償却可能限度額が95％という点に矛盾を感じます。分かりやすく教えてください。

Point

・平成19年4月1日以後に購入した有形減価償却資産については，備忘価額（1円）まで償却できるため残存価額という概念はありません。
・毎期の償却限度額の計算は，残存価額が10％であることを前提として行います。しかし，減価償却累計額が取得価額の90％に達した後も，特例により95％に達するまで償却を行うことができます。
・平成19年度税制改正により，平成19年3月31日以前に購入した有形減価償却資産について，償却可能限度額に達した事業年度の翌事業年度以後，備忘価額（1円）を控除した金額を5年で均等償却することが可能です。

1. 概　　要

　残存価額とは，減価償却資産が使用可能期間を経過した場合において，処分されるときに見積もられる実質的価値（処分可能価額）をいいます。残存価額は，「減価償却資産の耐用年数等に関する省令」別表第九により，一律に定められています。

　なお，平成19年4月1日以後に取得した有形減価償却資産には，残存価額はありません（ただし，備忘価額（1円）はあり）。言い換えるならば，残存価額は平成19年3月31日以前に取得した有形減価償却資産のみに存在するといえます。

資産の種類	残存価額
有形減価償却資産	取得価額×10%
無形減価償却資産	ゼロ

　上記のとおり，企業が償却限度額を計算する際の残存価額については，有形減価償却資産は取得価額の10％，無形減価償却資産はゼロと定められています。

２．残存価額が10％に対して償却可能限度額が95％である点について

　簿記２，３級を学んだ後に法人税法を学んだ方は，償却可能額95％という言葉に違和感を覚えたかもしれません。なぜなら，簿記２，３級で出題される残存価額はほとんどの場合取得価額の10％であり，取得価額の90％を減価償却費として計上していくと思われている方が多いからです。また，償却終了時の仕訳が問われることもあまりなかったかと思います。

　しかし，税務上は有形減価償却資産について，特例により取得価額の５％相当額に達するまで償却することができます（法令61条１項）。

　つまり，減価償却の計算は，償却限度額を残存価額10％として計算しながら，減価償却累計額が取得価額の90％に到達した後も，95％に達するまで償却することができます。つまり，残存価額10％というのは，あくまで償却限度額を計算する上での単なるファクターであるに過ぎないということです。

　では，なぜ初めから残存価額を５％として償却限度額を計算しないのでしょうか。

　理由は，残存価額を５％として定率法で償却限度額の計算を行うと，残存価額を10％とした場合に比べ償却計画の初期に著しく多額となり，旧定額法や旧生産高比例法との均衡という点において制度面から難しい問題が生じるためです。

3．前事業年度までの減価償却累計額が取得価額の95％相当額まで達している場合

なお，平成19年度の税制改正により，平成19年3月31日以前に取得した有形減価償却資産について，償却可能限度額に達した以後，備忘価額1円を控除した金額を5年均等で償却することが可能となりました。

① 堅ろう建物等の特例（法令61条の2）

$$償却限度額＝(取得価額 \times 5\% － 1円) \times \frac{分母のうち当期の月数}{認定残存使用可能期間の月数}$$

堅ろう建物とは，鉄筋コンクリート等で建築された建物をいい，地上3階以上又は3階相当以上の高さのものをいいます。

② ①以外の資産（法令61条2項）

堅ろう建物以外の資産については，償却可能限度額に達した事業年度の翌事業年度（平成19年4月1日以降に開始する事業年度に限られる）以後の各事業年度において，次の算式により計算した金額を償却限度額として償却を行い，備忘価額1円まで償却できます。

つまり，平成19年3月31日以前に取得した有形減価償却資産についても，最終的には平成19年4月1日以後に取得した有形減価償却資産と同様に，備忘価額1円まで償却することができます。

$$償却限度額＝(取得価額 \times 5\% － 1円) \times \frac{当期の月数}{60}$$

4．平成19年3月31日以前に取得した有形固定資産の償却についてのまとめ

償却可能限度額(95%)に未到達	償却可能限度額（95%）に到達	
取得価額×95%に達するまで，旧定額法，旧定率等により償却	5年均等償却を選択	5年均等償却を未選択
	(取得価額×5%－1)÷5年	償却なし

(例　題)

次の固定資産について平成23年度以後の償却限度額を計算しなさい。

事業年度：平成23年1月1日～12月31日

取　得　日：平成15年4月15日

取得価額：1,000,000円

資産の種類：備品

平成22年度時点の減価償却累計額：910,000円

残存価額10%で計算した当年度の償却限度額：56,000円

＜解　答＞

平成23年度	40,000円
平成24年度	10,000円
平成25年度	10,000円
平成26年度	10,000円
平成27年度	10,000円
平成28年度	9,999円

＜解　説＞

① 平成19年3月31日以降に取得した固定資産であるため，償却可能限度額が取得価額の95％です。

　　　　償却可能限度額＝1,000,000×95％＝950,000円

　　　　平成23年度の償却限度額＝40,000円（＝950,000円－910,000円）＜56,000
　　　　　　　　　　　　∴40,000円

　　　　平成24年度～平成27年度の償却限度額

　　　　（1,000,000×5％－1円（備忘価額））÷5年＝9,999.8円→10,000円

　本来，平成24年度～平成27年度の償却限度額は9,999円とし，平成28年度の償却限度額を，49,999－9,999×4年＝10,003円とすべきであります。

　しかし，金額的に軽微であることから，どちらを採用しても税務上の問題は発生しないと考えてもよいでしょう。

（参考文献等）
・太田達也著『固定資産の税務・会計　完全読本』税務研究会出版局，2010年11月

　　　　　　　　　　　　　　　　　　（公認会計士　鄭英哲）

Q 22 有形固定資産の現物管理

固定資産の現物管理は実際にはどのように行えばよいのでしょうか。

Point

・固定資産台帳を用いて管理します。
・管理ナンバーを付して管理します。
・現物に，管理ナンバーを付したプレートやシールを貼り付けて管理します。
・現状確認も含めて，一定期間ごとに固定資産の棚卸を行います。
・建設仮勘定については，滞留状況管理，予算管理を行います。
・各固定資産については，その本来の機能を有しており，機能的な減価や陳腐化がないかどうか，遊休資産，老朽化資産，休止資産がないかどうかなどについても，チェックすることが必要となります。

1．概　　要

(1) 固定資産の購入

固定資産の取得について，例えば建物を購入した時には，次のように仕訳を行います。

(借) 建　　物 ×××　(貸) 未　払　金 ×××
(あるいは，現預金など)

固定資産の取得原価には，資産の取得に直接要した費用の他に，事業の用に供するまでに発生した付随費用を含めます。

(2) 建設中の固定資産

固定資産，例えば工場（建物と機械装置）を建設している時には，次のように仕訳を行います。

```
（借）建 設 仮 勘 定   ×××      （貸）未  払  金        ×××
                                    (あるいは，現預金など)
```

(3) 本勘定への振り替え

固定資産，上記(2)の建物と機械設備が完成した場合には，次のように仕訳を行います。

```
（借）建      物      ×××      （貸）建 設 仮 勘 定    ×××
      機 械 装 置    ×××
```

固定資産を取得した場合には，現物の管理をきちんと行い，財産を守っていくこと，すなわち「財産管理」が必要となります。

２．建設仮勘定の管理

建設仮勘定として処理されている間も固定資産の一種（将来，具体的固定資産になるもの）として管理しておく必要があります。契約ごとや建設工事ごとに建設仮勘定にナンバーと件名を付して，例えば，2012年の一番目の工場建物の建設工事である場合に「2012−1　工場建物建設工事」のような管理コードを付けて管理します。建設仮勘定については，当初の工事期間が設定されていることがほとんどですので，予定の工事期間を超えていないかどうか，当初の予算金額をオーバーしていないかどうかなどについても管理しておく必要がありますので，工事の予定期間を超えて完成していない場合の滞留管理，予算金額を超えそうな場合の予算金額管理を行う必要があります。

これらの管理は，一般的には「建設仮勘定台帳」，「建仮台帳」，「建仮一覧

表」などと呼ばれる帳簿，帳票を用いて行われています。

図表2－1　建仮台帳のイメージ

建仮No.	件　名	工　期	予算	期首	増加	減少	期末	摘　要
2012－1	工場建物建設工事	2012年9月予定	××	××	××	××	××	

3．個々の固定資産の管理

　個々の固定資産については，一般的に，固定資産を管理する管理番号を付し，固定資産台帳で帳簿上の管理を行います。また，固定資産現物には管理するためのプレートやシールを貼って管理します。固定資産に貼り付けるプレートやシールには，固定資産台帳の記録と突き合わせできるように，固定資産台帳と同じ管理番号を付して管理します。固定資産現物と固定資産台帳を容易に照合できるようにしておくことが必要です。

　以下，主な勘定科目ごとに説明します。

(1)　建物及び構築物

　建物及び構築物は，土地の上に固定され一度取得すると移動することはほとんど考えられません。管理面においても減価償却により毎期継続的に経費処理されていくだけであるという安心感があるためか，管理が十分ではないケースも少なくありません。

　建物や構築物は，基本的に動かせないものであるため，管理が十分でなくなってしまうこともありますが，修繕などの維持費用が経常的に発生し，増改築されることもあるため，図面や写真を撮って管理を行うことが必要となる場合もあるでしょう。

　また，数年に一度は登記簿謄本により所有権や場所を確かめておくことも必要と考えられます。現状が異なっているケースもないとは限りません。さらには，修繕の必要性，耐用年数，残存価額が現状でかけ離れていないかどうかを検討するためにも，実査や棚卸が必要と考えられます。

(2) 機械装置

　機械装置は，常に修繕，追加取得，除却，転用，移管が行われており，その動きは比較的頻繁ですので，保管・設置場所をきちんと把握し，タイムリーに記録しておく必要があります。記録が十分でない場合には，不明資産や逆に，どうしてここにあるのか不明な機械装置が発生してしまうこともあります。

　機械装置の不良・陳腐化・不適応資産や遊休資産を把握するとともに，耐用年数，残存価額の修正の基礎とするためにも実査や棚卸も必要になります。実査や棚卸の際には，保管場所の環境を調査し，保管利用状況の技術的改善等の資料とすることも検討すべきでしょう。

　さらに細かな現物管理を行い，維持修繕を効率的に行っていくためには，設置場所ごとの配置図及び機械装置1件ごとの取得・修繕・調整の履歴を記載した管理簿を作成することも考えられます。当該管理簿には，修繕・追加等が明確になるように，視覚に訴えるように写真及び図面を添付しておくとよいでしょう。機械装置の癖が把握でき，運転調整やタイムリーな修繕に役立つこともあります。さらに，機械現物には，前述したように，固定資産番号を付したプレートやシールを取り付けておくことも必要です。このプレート等がないと，棚卸や実査を行うにあたり現物確認が満足にできないこともあり得ます。プレート等が添付されていれば，固定資産台帳に反映されていない移管，移動も把握でき，固定資産台帳を適切に修正することが可能となります。

(3) 車両運搬具

　車両運搬具については，自社所有の車両運搬具とリースの車両運搬具が混在していることもあり，固定資産台帳あるいはリース資産台帳とは別に，車両の管理簿を設けて管理することが望まれます。

　わが国では，自動車検査登録制度（いわゆる「車検」）があり，登録しなければ公道を運行してはいけないことになっています（道路運送車両法4条）ので，登録の際に交付される自動車検査証により，更新時期も含めて管理しておくことが必要です。

会社の属する業種や業態によっては公道を運行せず，工場敷地内のみを運行する「構内車」を保有するケースもありますので，明確に区別しておくことも必要になります。

また，自動車販売業（ディーラー）などにおいては，棚卸資産としての販売用の車両もあり，その販売用の車両の中には中古車もありますので，明確に区別して管理しなければなりません。さらに，自動車販売業においては，お客様に貸し出すための車両を保有していますので，貸出先を明確にすることや貸出証，預かり証あるいは貸出台帳などをお客様に記入してもらって管理しておかなければなりません。いまどこにあるのかについては，常に管理しておかなければならないものと思われます。

(4) 工具器具備品

工具器具備品については，他の固定資産と比べると数量が多く，また，固定資産とされているものと費用計上されているものとが混在していることが少なくありません。加えて，移動が容易なものがほとんどであり，普段は，倉庫等にしまっておき必要なときに運び出すような工具や金型なども少なくないと思われます。

資産計上されるものについては，原則として固定資産の管理番号を付したプレートやシールを貼付しておく必要があります。また，保管場所も決めておくことが望まれます。また，いくつかのものを合わせて一式として計上される場合もあるので注意が必要です（例えば「応接セット一式」）。

(5) 土　　地

土地は持ち運びできるものではなく，所有権も登記簿謄本により守られているため，管理が疎かになりやすいのですが，遊休地や遠隔地にある土地には注意が必要です。少なくとも数年に一度は会社の所有する土地の登記簿謄本を取り寄せて，内容に問題がないかどうかチェックする仕組みを確立させる必要があると思われます。

登記簿謄本上の面積と現状が異なることも少なくないため、できれば日付入りの写真を撮って保管するとよいと思われます。また、実務上、境界が明瞭でない土地については現状確認も容易ではないので、境界を明示するポイントを記した土地台帳、取得時からの写真や測量図などを管理上、作成保管しておくことも有効な管理手法であると考えられます。

(6) 建設仮勘定

建設仮勘定については、前述2．で説明したように、建設中の固定資産として、設備投資計画ごとにナンバーを付して、投資計画の承認から着工、工事中の予算管理、工事の竣工、完成引き渡し、試運転、そして本勘定振り替えにわたって管理することが必要になります。

建設期間中の借入金利息を取得原価に算入する場合には、必要要件を満たしているのかについてはもちろんのこと、取得原価に算入する金額の計算についてもきちんと管理しておくことが必要になります。

4．留意事項

(1) 固定資産の棚卸について

固定資産の棚卸あるいは現物確認は、棚卸資産と異なり、短期間に大量に移動するものではなく、毎期の決算のために必要不可欠とまではいえないものであることから、2年に一度や3年ごとのように数期間おきに実施されることが多いと思われます。実施日についても棚卸資産の棚卸と同時に行うことは困難であること等の理由から、期末日に実施することよりも期末日以前に実施すること、棚卸資産の棚卸とは別の日に実施されることが多いと思われます。また、器具備品等、会社内の様々な場所に保管されているものも多いことから、事業所単位で循環的に期中に実施することも実務上少なくありません。さらに、固定資産についてはその本来の機能を有しており、機能的な減価や陳腐化がないかどうか、遊休資産、老朽化資産、休止資産がないかどうかなどについてもチェックすることが必要です。

(2) 業種に特有の固定資産

　固定資産は1年を超えて利用される資産ですが，業種によっては業種に特有の固定資産を保有していることもあります。前述した，自動車販売業における貸出用車両のようなもの，電力業においては，発電設備，核燃料，海運業における船舶，遊園地を運営している会社の保有する遊園設備，遊園車両なども業種で特色のある固定資産ということができるでしょう。

　その他にもゴルフ場を運営している会社においては，ゴルフコース一式を表すコース勘定などもあります。コース勘定は一般的に土地と区分して，土地の上に造成したコースを指し，コース勘定台帳などを作成し，細目で管理することになります。税務上「耐用年数の適用等に関する取扱通達」2－3－6により，「ゴルフコースのフェアウェイ，グリーン，築山，池その他これらに類するもので，一体となって当該ゴルフコースを構成するものは土地に該当する。」とされていますので，構築物として減価償却可能なものを明確に区分できるようにしておくことが必要になります。

　また，鉄道運送業などでは，貸借対照表上，固定資産は事業ごと（軌道鉄道事業固定資産，不動産業固定資産など）に表示されているケースもありますが，個々の固定資産の管理の基本は，前述したものと大きく異なることはないと思われます。

（参考文献等）
・成田智弘・吉田健太郎共著『キーワードでわかる公認会計士監査』税務研究会出版局，2008年1月

　　　　　　　　　　　　　　　　　　　　　（公認会計士　成田智弘）

11　無形固定資産

Q23　会計上の無形固定資産と税務上の繰延資産

会計上の無形固定資産と税務上の繰延資産の関係について分かりやすく教えてください。

Point

・会計上の無形固定資産は，法律上又は経済的な財産的価値があるものです。
・会計上の無形固定資産には，借地権，特許権，ソフトウェア又はのれんなどがあります。
償却期間は，法律規定又は経済的効果の及ぶ期間において償却します。
・税務上の繰延資産は，本来財産的価値のないものを課税の公平性を保つため資産計上されるものです。会計上の繰延資産を含んでいます。表示上は種々の科目で処理されます。
・税務上の償却期間については，耐用年数が規定されており，これに基づいて償却します。

1．概　　要

　会計上の無形固定資産は，形はないが法律上又は経済的な財産的価値があり，例として借地権，特許権，ソフトウェア，のれんなどがあり，原則として費用配分の原則により償却を要しますが，償却を要しない資産もあります。

　これに対して税務上の繰延資産は，会計上の繰延資産を含んでおり，将来にわたって支出の効果が及ぶものとされており本来は財産の価値がないものであります。長期前払費用，ソフトウェア又は研究開発費，寄付金若しくは負担金

などとして処理されますが，これらは税務上は資産として計上され，その定められた耐用年数によって償却します。実務上は税務処理と同様に会計処理されている場合が多いと考えられます。

2．意　義

(1) 会計上の無形固定資産

① 意義

固定資産（長期にわたって利用又は所有される資産）の中で，形はないが法律上又は経済的な財産的価値のあるものをいいます（「財務諸表等規則」（以下，「財規」という）27条）。例えば，のれん，借地権，電話加入権又はソフトウェアなどがあります。また，減価償却を行うものと行わないものとがあります。

② 範囲（財規27条，同ガイドライン27-13）

ⅰ) 法律上において資産価値が認められるものとして次のようなものがあります。

ァ) 特許権，イ) 借地権，ウ) 地上権，エ) 商標権，オ) 実用新案権，カ) 意匠権，キ) 鉱業権，ク) 漁業権，ケ) 入漁権，コ) ソフトウェア，サ) リース資産，セ) その他（水利権，版権，著作権，原画権など）

ⅱ) 経済的な資産価値があるものとしては，のれん等があります。

のれんは，企業の平均収益力が同業他社のそれよりも大きい場合，その超過収益力を評価して計上されるものです。ただし，自己創設のれんは認められておらず，買収や合併に伴って計上されるものに限られています。

(2) 会計上の繰延資産

① 意義

繰延資産とは，すでに代価の支払いが完了し又は支払義務が確定し，これに対応する役務の提供を受けたにもかかわらず，その効果が将来にわたって発現すると期待される費用です（企業会計原則注解（注15）と同様）。貸借対照表に計

上し，当初の支出を効果の及ぶ期間に償却手続により配分する資産で，費用収益対応の原則に基づいて計上するものです。他の資産と異なり，資産性がないといわれています。株式交付費，社債発行費，創立費，開業費，開発費の5項目が限定列挙されています[注1]。

② 範囲（財規36条，同ガイドライン36）

ⅰ） 創 立 費　会社が負担すべき設立費用で，例えば定款・諸規則作成費，株式募集広告費，目論見書等印刷費，創立事務所賃借費，設立登記の登録免許税その他をいいます。

ⅱ） 開 業 費　土地，建物等の賃借料，広告宣伝費，通信交通費，事務用消耗品費，支払利子，給与など会社成立後営業開始までに支出した開業準備のための費用をいいます。

ⅲ） 開 発 費　新技術又は新経営組織の採用，資源の開発又は市場の開拓のために支出した費用をいいます。ただし，経常費の性格を持つものは含まれません。

ⅳ） 株式交付費　株式募集広告費，金融機関取扱手数料，目論見書・社債券等の印刷費，変更登記の登録免許税その他株式の交付のため直接支出した費用をいいます。

ⅴ） 社債発行費　社債募集広告費，金融機関取扱手数料，目論見書・社債券等の印刷費，社債登記の登録免許税その他社債発行のため直接支出した費用をいいます。

(3) 税務上の繰延資産

① 意義

税務上の繰延資産とは，法人が支出する費用（資産の取得に要した金額とされるべき費用及び前払費用を除く）のうち支出の効果がその支出の日以後1年以上に及ぶものです（「法人税法」（以下，「法」という）2条24号，同施行令14条）。将来の数年間にわたって効果が現れる支出（支出の効果が1年以上に及ぶもの）であれば，各事業年度に配分して損金（税務上の費用のこと）を計上することによっ

て適正な損益計算を行わせ，法人間における課税の公平を期しているものと考えられます。

② 範囲

税務上の繰延資産には，上記の会計上の繰延資産を含む他，法人税法で規定した繰延資産があります。

ⅰ) 自己が便益を受ける公共的施設又は共同的施設の設置又は改良のために支出する費用

ⅱ) 資産の賃借又は使用に支出する権利金，立退料その他の費用

ⅲ) 役務の提供を受けるために支出する権利金その他の費用

ⅳ) 製品等の広告宣伝の用に供する資産を贈与したことにより生ずる費用

ⅴ) ⅰ) からⅳ) までに掲げる費用のほか，自己が便益を受けるために支出する費用

この例として，ノウハウの頭金等，広告宣伝用資産を贈与した費用，スキー場のゲレンデ整備費用，出版権の設定の対価，同業者団体等の加入金，職業運動選手等の契約金等，簡易な施設の負担金，移転資産等と密接な関連を有する繰延資産，双方に関連を有する繰延資産の引継ぎなどが規定されています（「法人税基本通達」（以下，「法基通」という）8－1－1～8－1－15参照）。

3．償　却

(1)　会計上の無形固定資産の償却方法

① 原則

法律上又は契約において存続期間が定められており，その存続期間において残存価額を0として定額法で償却します（費用配分の原則）。

② ソフトウェア

会計上の減価償却期間は，市場で販売するものはその見込販売数量に基づく償却方法その他合理的な方法（例えば，見込販売収益）により償却（3年以内）しなければなりません（研究開発費等に係る会計基準5）。なお，均等額以上を毎期償却することが必要です。また，自社利用のものは原則として5年以内に定額

法で償却します(注2)。

③ のれん

のれん（税務上は営業権）は，会計上は20年以内の効果の及ぶ期間にわたって定額法等によって償却するものとされています。税務上の耐用年数は5年とされており，5年以内で償却すること（随時償却）になります。

④ その他の無形固定資産の償却期間

税務上は耐用年数を定めており，定額法により期間に応じて残存価額を0として償却することとなります。実務的には，会計上も税務上の耐用年数を用いて償却している場合が多いと考えられます。税務上の耐用年数と法律上の存続期間は次のとおりです。

科　　目		税務上の耐用年数	法律上の存続期間	根　拠　法
借地権 （地上権を含む）		非償却	原則30年。契約で30年超の場合は，その期間。更新も可能。	借地借家法（第3条第1項）
特　許　権		8年	特許出願の日から20年。	特許法（第67条第1項）
実用新案権		5年	実用新案登録出願の日から10年。	実用新案法（第15条第1項）
商　標　権		10年	設定登録の日から10年。	商標法（第19条第1項）
意　匠　権		7年	設定登録の日から20年。	意匠法（第21条第1項）
鉱　業　権 （試掘権及び採掘権）（鉱業法第11条）		―	試掘権の存続期間は，登録日から2年。延長期間も2年。	鉱業法（第18条第1項）
漁　業　権 （入漁権を含む）		10年	免許の日から起算して，真珠養殖業，水産動物養殖業の区画漁業権又は共同漁業権は10年。その他の漁業権は5年。	漁業法（第21条第1項）
電話加入権		非償却		
ソフトウェア	複写して販売するための原本	3年		
	開発研究用のもの	3年		
	その他のもの	5年		

(注) 税務上の耐用年数は，無形固定資産の耐用年数表（「減価償却資産の耐用年数等に関する省令」別表3）及び開発研究用減価償却資産の耐用年数表（同別表6）によっています。

(2) 会計上の繰延資産の償却方法

科　　目	償却年数	償却方法	備　　考
創　立　費	5年以内	定額法	会社成立時から効果の及ぶ期間内で償却
開　業　費	5年以内	定額法	開業時から効果の及ぶ期間内で償却
開　発　費	5年以内	定額法他	支出時から効果の及ぶ期間内で償却
株式交付費	3年以内	定額法	株式交付後から効果の及ぶ期間内で償却
社債発行費	償還期間内	利息法又は定額法	社債の償還期間内で償却（定額法は継続適用が条件）

会計上の繰延資産については，従来から毎決算期に均等額以上の償却をしなければならないとされてきましたが，現在では年数償却ではなく月割償却が適当とされています(注2)。また，税務上も同様に認められています(随時償却)。

(3) 税務上の繰延資産の償却方法

繰延資産の償却限度額に規定する「繰延資産となる費用の支出の効果の及ぶ期間」は，この節に別段の定めのあるもののほか，固定資産を利用するために支出した繰延資産については当該固定資産の耐用年数，一定の契約をするに当たり支出した繰延資産についてはその契約期間をそれぞれ基礎として適正に見積もった期間によることとされています（法基通8－2－1）。したがって，原則として月割計算による定額法によることとなります。

税務上の繰延資産の償却期間は次のように規定されています（法基通8－2－3）。

種　類		細　目	償却期間
公共的施設等の負担費用（令14条1項6号イ）	公共的施設の設置又は改良費用	(1) その施設・工作物がその負担者に専用されるもの	耐用年数の7／10
		(2) その他	耐用年数の4／10
	共同的施設の設置又は改良費用	(1) その施設がその負担者又は構成員の共同用又は協会等本来用に供されるもの	イ　耐用年数の7／10 ロ　土地の取得の負担金については，45年
		(2) 商店街等の共同アーケード，日よけ，アーチ，すずらん灯等負担者の共同用及び一般公衆用にも供されるもの	5年（耐用年数が5年未満と定められている場合には，その耐用年数）

該当条項	種　　類	細　目	償却期間
資産賃借のための権利金等に掲げる費用（令14条1項6号ロ）	建物賃借のために支出する権利金等	(1) 建物新築時に，所有者への支払権利金等でその額が当該建物の賃借部分の建設費の大部分に相当し，かつ，実際上その建物の存続期間中賃借できる状況にある場合	その建物の耐用年数の7／10に相当する年数
		(2) 建物賃借時に支払った(1)以外の権利金等で，契約，慣習等によりその明渡し時に借家権として転売できるもの	その建物の賃借後の見積残存耐用年数の7／10に相当する年数
		(3) (1)及び(2)以外の権利金等	5年（契約賃借期間が5年未満の時はその賃借期間）

	電子計算機等賃借費用		その耐用年数の7／10に相当する年数（契約賃借期間超の時は，その賃借期間）
役務提供を受けるための権利金等に掲げる費用（令第14条1項6号ハ）	ノウハウの頭金等		5年（設定契約の有効期間が5年未満であり，契約更新時に再度必要な時は，その有効期間の年数）
広告宣伝用資産を贈与した費用に掲げる費用（令14条1項6号ニ）	広告宣伝用資産を贈与したことにより生ずる費用		その資産の耐用年数の7／10に相当する年数（その年数が5年を超えるときは，5年）
その他自己が便益を受けるための費用に掲げる費用（令14条1項6号ホ）	スキー場のゲレンデ整備費用		12年
	出版権の設定の対価		設定契約の存続期間（その定めがない場合は3年）
	同業者団体等の加入金		5年
	職業運動選手等の契約金等		契約期間（契約期間の定めがない場合には，3年）

（注）　法基通8－1－3～8－1－12を参照のこと。

4．表示方法

(1) 無形固定資産

　無形固定資産は，固定資産の有形固定資産の次に「無形固定資産」の区分を設けて表示し，営業権（のれん），特許権，地上権，商標権等は，無形固定資産に属するものとされ，例示されています（企業会計原則　第三貸借対照表原則　四　貸借対照表科目の分類（一）資産B　固定資産の分類及び内容）。

　また，無形固定資産については，減価償却額を控除した未償却残高を記載し

ます。すなわち，償却後の純額で表示（直接法）することになります。

(2) 繰延資産
繰延資産のうち，会計上の繰延資産は，固定資産の次に「繰延資産」の区分を設けて表示することになります。

(3) 投資その他の資産
税務上の繰延資産（会計上の繰延資産を除く）は，①会計上は資産価値がないものとして費用処理されるもの，②資産的価値があるものについては，固定資産の投資等の区分に資産計上されるもの等に分かれます。会計上もその資産価値を認めて資産として計上している場合があり，実務上は，会計処理と税務処理が一体となっている部分があります。また，会計上費用処理している場合には，税務上は自己否認を要するため，償却期間にわたって税効果を考慮することが必要となります。

資産計上されるものは投資その他の資産の部に次のような科目で計上します。
① 長期前払費用
② 敷金・保証金
③ 建設協力金
④ その他

〈文中の注記〉
（注1）「繰延資産の会計処理に関する当面の取扱い」
　　　　（実務対応報告第19号　平成18年8月11日　企業会計基準委員会）
（注2）「研究開発費及びソフトウェアの会計処理に関する実務指針」
　　　　（会計制度委員会報告第12号　平成23年3月29日　日本公認会計士協会）

（参考文献等）
・鈴木基史著『重点解説　法人税申告の実務』清文社，2011年8月

（公認会計士　柏嵜周弘）

12 固定資産の減損

Q24 減損会計

固定資産の減損について分かりやすく教えてください。

Point

- 減損会計は資産の収益性の低下を反映させるため，帳簿価額を減額させるものであり，損失だけが認識されます。
- 利益が認識されることはありません（時価会計との相違点）。
- 減損会計の適用は，キャッシュを生み出す最小の単位で行います（資産のグルーピング）。
- 減損の兆候がある場合のみ，減損の認識を検討します。
- 減損を認識すべきかどうかの判定では「割引前」キャッシュ・フローを用い，減損損失の金額の算出には「割引後」キャッシュ・フローを用います。
- 割引後キャッシュ・フローと正味売却価額のうちいずれか高い金額と帳簿価額との差額を損失に計上します。
- 減損処理後の会計処理として，減損損失の戻入れは認められていません。
- 減損損失の税務上の取り扱いには注意が必要です。

1. 概　要

(1) 減損会計とは

「固定資産の減損に係る会計基準」（以下，「減損会計基準」という）では，減損会計は次のように定義されています。

① 固定資産の減損とは，資産の収益性の低下により投資額の回収が見込めなくなった状態であり，
② 減損処理とは，そのような場合に，一定の条件下で回収可能性を反映させるように帳簿価額を減額させる処理である（減損会計意見書三3）。

この定義から明らかなように，固定資産の減損とは「収益性の低下」に着目したものであり，「時価の下落」をストレートに認識するものではありません。

例えば，固定資産の取得時点では，その固定資産は2億円のキャッシュを稼ぎ出す予定でしたが，その後，競争の激化により1億円のキャッシュしか稼げないことが明らかになりました。こうした場合にその収益性の低下を帳簿価額に反映させるのです。言い換えると，その固定資産の時価がどんなに下落していても，十分な収益性があれば減損処理が行われることはない，ということになります。

固定資産の減損処理は，あくまでも，取得原価基準の枠内で行われる会計処理として位置づけられ，棚卸資産の評価減，固定資産の物理的な滅失による臨時損失などと同様に，事業用資産の過大な帳簿価額を減額し，将来の損失を繰り延べないことを目的として行われます。

(2) 減損損失とは

減損会計では，資産が生み出すキャッシュ・フローなどにより帳簿価額が回収できるかどうか，すなわちその資産が帳簿価額以上のキャッシュ・フローを稼ぎ出すかどうかが重要になります。

帳簿価額を回収できる状態であれば（回収可能価額＞帳簿価額），減損処理は必要ありません。

経営者は，資産を使用してキャッシュ・フローを稼ぐか（＝使用価値），それとも売却してキャッシュを得るか（＝正味売却価額），いずれか有利な方を選択すると推定されます。したがって，いずれか大きい金額が回収可能価額であり，これと帳簿価額との差額が回収不能額として，損失計上されることになります。

２．固定資産の減損の会計処理

固定資産の減損の会計処理は，以下のような流れに従って行われます。
(1) 資産のグルーピング
(2) 減損の兆候の把握
(3) 減損損失の認識
(4) 減損損失の測定

(1) 資産のグルーピング

資産のグルーピングは，他の資産または資産グループのキャッシュ・フローから概ね独立したキャッシュ・フローを生み出す最小の単位で行う（減損会計基準二6(1)参照）こととされています。企業は，資産のグルーピングを経営の実態が適切に反映されるように配慮して行う必要があります。様々な事業を営む企業における資産のグルーピングの方法を一義的に示すことは困難であり，実務的には，管理会計上の区分や投資の意思決定（資産の処分や事業の廃止に関する意思決定を含む）を行う際の単位等を考慮してグルーピングの方法を定めることになります（減損会計意見書四2(6)①参照）（「固定資産の減損に係る会計基準の適用指針」（以下，「適用指針」という）7項）。

(2) 減損の兆候の把握

対象資産すべてについて減損損失を認識するかどうかの判定を行うことは，過大な実務負担となるおそれがあるため，減損の兆候（資産又は資産グループに減損が生じている可能性を示す事象）を把握します。

減損の兆候があるかどうかについては，状況に応じて判断する必要があります。

減損の兆候を判断する際の実務上の指針として，減損会計基準及び適用指針において以下のような具体例が示されています。

> ① 資産または資産グループが使用されている営業活動から生ずる損益またはキャッシュ・フローが，継続してマイナスとなっているか，あるいは，継続してマイナスとなる見込みである場合
> ② 資産または資産グループが使用されている範囲または方法について，当該資産または資産グループの回収可能価額を著しく低下させる変化が生じたか，あるいは，生ずる見込みである場合
> ③ 資産または資産グループが使用されている事業に関連して，経営環境が著しく悪化したか，あるいは，悪化する見込みである場合
> ④ 資産または資産グループの市場価格が著しく下落した場合

　なお，上記減損の兆候は例示であり，これに限定されないことに注意が必要です。

・遊休資産の減損の兆候

　遊休資産については，将来の用途が定まっていない以上，通常，回収可能価額は正味売却価額により算定することになると考えられます。遊休資産については，常に減損の兆候が存在するため，理論的には，正味売却価額が低下するごとに減損損失を計上することになります。仮に資産の正味売却価額が下落傾向にある場合，実質的には固定資産の時価評価となり，毎期，少額であっても減損損失を計上することになります。遊休資産については，各社の状況に応じて，どの程度，正味売却価額が低下した場合に減損の認識・測定を行うべきかのルールを定めておくことが望ましいと思われます。

・のれんの減損の兆候

　のれんを含む，より大きな単位でグルーピングした場合，通常，のれんは独立してそれ自体では減損の兆候があるかどうかを判断できないため，原則として，のれんを含む，より大きな単位で減損の兆候を判断します。また，のれんの帳簿価額を各資産又は資産グループに配分する方法を採用した場合には，のれんに減損の兆候があるかどうかにかかわらず，その帳簿価額を各資産グループに配分することとなり，当該配分された各資産グループで減損

の兆候を判断することになります。

(3) 減損損失の認識
減損の兆候があった場合には，減損損失を認識すべきかどうかを検討します。
① 減損の兆候がある資産または資産グループについての減損損失を認識するかどうかの判定は，資産または資産グループから得られる割引前将来キャッシュ・フローの総額と帳簿価額を比較することによって行い，資産または資産グループから得られる割引前将来キャッシュ・フローの総額が帳簿価額を下回る場合に，減損損失を認識します（減損会計基準二2(1)）。
② 減損損失を認識するかどうかを判定するために割引前将来キャッシュ・フローを見積る期間は，資産の経済的残存使用年数または資産グループ中の主要な資産の経済的残存使用年数と20年のいずれか短い方とされています（減損会計基準二2(2)）。

(4) 減損損失の測定
減損損失を認識すべきであると判定された資産または資産グループについては，帳簿価額を回収可能価額まで減額し，当該減少額を減損損失として当期の損失とします（減損会計基準二3）。

ここで，回収可能価額とは，資産または資産グループの正味売却価額と使用価値のいずれか高い方の金額をいいます（減損会計基準注解［注1－1］）。正味売却価額は，資産または資産グループの時価から処分費用見込額を控除して算定されます（減損会計基準注解［注1－2］）。一方，使用価値は，資産または資産グループの継続的使用と使用後の処分によって生ずると見込まれる将来キャッシュ・フローの現在価値（割引後キャッシュ・フロー）として算定されます（減損会計基準注解［注1－4］）。

通常，使用価値は正味売却価額より高いと考えられるため，減損損失の測定において，明らかに正味売却価額が高いと想定される場合や処分がすぐに予定されている場合などを除き，必ずしも現在の正味売却価額を算定する必要はな

いと考えられます（適用指針28項）。

　減損損失の計上額を算定するための回収可能価額は，使用価値又は正味売却価額のいずれか高い金額とされます。固定資産は，使用するか売却するかでキャッシュ・フローを生み出すため，いずれか高い金額までその帳簿価額を切り下げることになります。処分予定資産又は遊休資産などではなく，固定資産を継続して使用する前提であれば，通常は正味売却価額よりも使用価値の方が高いと考えられます。

3．減損処理後の会計処理

(1) 減損処理後の減価償却

　減損処理を行った資産については，減損損失を控除した帳簿価額に基づき減価償却を行います。

　なお，減損処理を行った遊休資産の減価償却費は，原則として，営業外費用として処理します。

(2) 減損損失の戻入れ

　減損会計基準及び適用指針は，資産又は資産グループの帳簿価額と割引前将来キャッシュ・フローを比較することにより，減損の存在が相当程度確実な場合に限って減損損失を認識及び測定することとしており，また，戻入れは事務負担を増大させるおそれがあるため，減損損失の戻入れは行いません（減損会計基準三）。

4．開　　示

(1) 貸借対照表における表示

　減損会計基準及び適用指針において，減損処理を行った資産の貸借対照表における表示は，原則として，直接控除方式によりますが，減価償却を行う有形固定資産については，独立間接控除方式又は合算間接控除方式によることもできる旨を定めています。また，例えば，減価償却累計額については各資産科目

に対する控除項目として掲記し（間接控除形式），減損損失については直接控除形式を採るなど，表示形式を同じにする必要はありません。

(2) 損益計算書における表示

損益計算書及び連結損益計算書において，原則として減損損失は特別損失に計上します。財務諸表等規則，連結財務諸表規則及び会社計算規則にも，減損損失は特別損失に属する旨の規定があります。これは，減損処理は事業用資産に投下した資金が回収できない場合にのみ行われる会計処理であり，一般的に臨時・巨額になることが多いためです。

(3) 注記事項

減損会計基準及び適用指針は，重要な減損損失を認識した場合には，損益計算書（特別損失）に係る注記として，以下の項目を注記することを求めています。

> ① 減損損失を認識した資産又は資産グループについては，その用途，種類，場所などの概要
> ② 減損損失の認識に至った経緯
> ③ 減損損失の金額については，特別損失に計上した金額と主な固定資産の種類ごとの減損損失の内訳
> ④ 資産グループについて減損損失を認識した場合には，当該資産グループの概要と資産をグルーピングした方法
> ⑤ 回収可能価額が正味売却価額の場合には，その旨及び時価の算定方法，回収可能価額が使用価値の場合にはその旨及び割引率

5．税務上の取り扱い

減損処理は，会計固有の処理であるため，会計上減損処理した金額について，税務上の償却限度額を超える場合は損金算入されません。したがって，減損処理をした事業年度以降で固定資産の会計上の帳簿価額が税務上の帳簿価額を下

回ることになるため，毎期償却不足額が発生します。この償却不足額の範囲内で減損損失（減価償却超過額）を損金算入することになります。

ただし，減損処理の対象となった事象が，税務上の資産の評価損の計上が認められる事象である場合には，当該金額については損金算入される余地があるものと解されます。

税務上，資産の評価損が損金に算入される要件は次のとおりです（「法人税法施行令」68①三，68②）。

> (1) 当該資産が災害により著しく損傷したこと
> (2) 当該資産が1年以上にわたり遊休状態にあること
> (3) 当該資産がその本来の用途に使用することができないため他の用途に使用されたこと
> (4) 当該資産の所在する場所の状況が著しく変化したこと
> (5) 会社更生法等の規定による更生計画認可の決定による評価替え
> (6) (1)から(4)までに準ずる特別の事実
>   ① 固定資産がやむを得ない事情によりその取得の時から1年以上事業の用に供されないため，当該固定資産の価額が低下したと認められること（「法人税基本通達」（以下，「法基通」という）9－1－16）
>   ② 民事再生法の規定による再生手続開始の決定があったことにより，固定資産につき評価替えをする必要が生じたこと（法基通9－1－3の3）

ただし，この場合でも法人税法上での固定資産の評価損と会計上での減損損失の算定方法は異なるため，減損損失の全額が損金算入できるとは限りません。

（参考文献等）
・日本公認会計士協会東京会編『相違点でみる会計と税務　実務ポイントQ＆A』清文社，2010年4月
・有限責任監査法人トーマツ編『トーマツ会計セレクション④　固定資産会計』清文社，2011年4月
・太田達也著『減損会計実務のすべて〔第3版〕』税務経理協会，2010年5月

（公認会計士　江添慶範）

13 その他投資

Q25 敷金・保証金

敷金及び営業保証金の会計処理で留意すべき事項を，仕訳を例にして教えてください。

Point

・敷金の場合は，①差し入れ時，②月次償却時，③返還時の３つのシーンで会計処理を考えます。
　① 差し入れ時
　　・仕入税額控除の対象外です。
　　・貸借対照表上，投資その他の資産に計上します。
　② 月次の償却処理（償却ありの場合）
　　税務上の繰延資産に該当し，５年で均等償却します。
　　仕入税額控除の対象となります。
　③ 返還時
　　原状回復費として差し引かれた場合には，修繕費等の勘定科目で費用を計上します。
・営業保証金の場合は，差し入れ時は仕入税額控除の対象外です。

1．概　　要

　敷金とは，不動産の賃貸借の際，賃料その他賃貸借契約上の債務を担保する目的で，賃借人が賃貸人に交付する金銭のことをいいます。
　営業保証金とは，営業取引の実績がない会社と継続的な取引を行うために支払う金銭で，営業上の債務や損害を担保するために支払われます。

いずれも，契約中または取引中に発生した損害や債務不履行を担保するために差し入れるという性格があります。

＜敷金差し入れ時＞

敷金の差し入れ時には，次のように仕訳を行います。

（借）敷　　　　　金　800	（貸）現　金　預　金	1,000
（借）長 期 前 払 費 用　200		

退去時に敷金の償却部分がある場合，月次処理は次のように仕訳を行います。

（借）長 期 前 払 　　　費 用 償 却　3.3	（貸）敷　　　　　金	3.3

200÷60か月＝3.3万円

＜契約満了後の退去時＞

（借）現　金　預　金　700	（貸）敷　　　　　金	800
（借）修　　繕　　費　100		

2．敷金の会計処理

　敷金の場合，賃貸契約上返還されない部分があることが多く，償却期間や消費税の区分において複雑な会計処理が含まれます。そのため，差し入れ時から返還時までを下表のとおりまとめました。特に敷金の償却については，事務所の敷金に多くの場合設定されており，住宅ではほとんど適用がないため，日常ではあまり馴染みがないかもしれません。

　なお，使用している勘定科目はあくまで例であり，内容が分かるものであれば他の勘定科目を使用することも当然に可能です。

差し入れ時	① 仕入税額控除の対象外 ② 返還されない部分は長期前払費用で計上（返還されない部分が20万円未満であれば，差し入れ時に費用処理が可能） ③ 固定資産のうち「投資その他の資産」に計上
月次償却 （償却ありの場合）	① 「建物賃貸借権利金」として償却期間5年（60か月）（契約期間が5年未満で，更新時に権利金・更新料を支払う場合には，契約期間で償却） ② 会計上，「長期前払費用償却」で費用処理（仕入税額控除の対象）
税務申告時	繰延資産の償却限度額その他償却費の計算に関する明細書を添付する必要があります。
返 還 時	① 5年または契約期間での償却途中で退去した場合には，長期前払費用を全額費用処理（仕入税額控除の対象） ② 原状回復費を差し引かれた場合には，修繕費として処理
会計ソフトで「長期前払費用償却」勘定を使用する場合の実務上の注意点	信用保証協会等の保証制度を利用した融資を受けた際に，一括で支払った保証料を「長期前払費用償却」で月次処理する場合，仕入税額控除の対象外となります。 そのため保証料の償却と敷金の償却においてどちらも「長期前払費用」を使用している場合，どちらか一方の仕訳時に，仕入税額控除に係る消費税区分を手動で修正する必要があります。

3．営業保証金の会計処理

差し入れた営業保証金については，取引を終了した際に償却されずに返還されるのが通常です。よって，会計処理は非常にシンプルなものとなります。

4．仕 訳 例

以下の例題で，敷金と営業保証金に係る会計処理を確認しましょう。

（例1） 敷金の場合

事務所を賃借し，敷金500万円を差し入れた。
契約期間：2年
返還されない部分：賃貸契約書には「退去時，敷金のうち20％を返還しな

> い」旨の記載がある。
> 更新時の支払い：更新料等を支払う取り決めは存在しない。
> 退去時：原状回復費として100万円を差し引かれた。
> 　※　なお，当社は消費税について税込経理を採用している。

＜敷金差入時＞

（借）敷　　　　金　　400	（貸）現　金　預　金　　500	
（借）長 期 前 払 費 用　100		

貸借対照表上，投資その他の資産に計上される。

＜月次処理＞

（借）長 期 前 払 　　　費 用 償 却　　1.6	（貸）敷　　　　金　　1.6

100÷60か月＝1.6万円

　※　更新時に更新料等を支払う取り決めは存在しないため，税務上の規定により5年（60か月）で均等償却

＜契約満了後の退去時＞

（借）現　金　預　金　　300	（貸）敷　　　　金　　400
（借）修　　繕　　費　　100	

（例2）　営業保証金の場合

> 宅建業開始時：営業保証金として，1,000万円を供託所へ差し入れた。
> 宅建業廃業時：1,000万円が返還された。

＜差　入　時＞

（借）差 入 保 証 金　1,000	（貸）現　金　預　金　1,000

＜返還時＞

(借) 現 金 預 金　1,000　　　(貸) 差 入 保 証 金　1,000

(公認会計士　鄭英哲)

14 リース取引

Q 26 リース取引

リース取引とは，具体的にどのような取引でしょうか。固定資産の取得との違いを中心に教えてください。

Point

- 固定資産は，有形固定資産，無形固定資産，投資その他の資産に区分されます。
- 固定資産を購入した場合の取得原価は，購入代金に購入手数料，運送費，据付費，試運転費等の付随費用を加えた金額となります。
- 有形固定資産の減価償却方法には定額法，定率法，級数法，生産高比例法などがあります。
- 例えば，機械装置を購入して使用していた場合とリース契約によって使用していた場合を比較した場合，見た目には全く変わらないことがほとんどだと思いますが，それぞれの契約の法的位置づけが異なるため会計処理も全く異なることになります。
- 「リース取引」とは，特定の物件の所有者たる貸手（レッサー）が，当該物件の借手（レッシー）に対し，合意された期間（リース期間）にわたりこれを使用収益する権利を与え，借手は，合意された使用料（リース料）を貸手に支払う取引をいいます。主に有形固定資産がリースの対象資産となりますが，無形固定資産が対象となることもあります。
- 会計上のリース取引は，「ファイナンス・リース取引」と「オペレーティング・リース取引」のいずれかに分類されます。
- 「ファイナンス・リース取引」とはリース契約に基づくリース期間の中

途において当該契約を解除することができないリース取引又はこれに準ずるリース取引で，借手が，当該契約に基づき使用する物件（リース物件）からもたらされる経済的利益を実質的に享受することができ，かつ，当該リース物件の使用に伴って生じるコストを実質的に負担することとなるリース取引をいいます。
・「オペレーティング・リース取引」とは，ファイナンス・リース取引以外のリース取引をいいます。
・さらに「ファイナンス・リース取引」は，リース契約上の諸条件に照らしてリース物件の所有権が借手に移転すると認められる「所有権移転ファイナンス・リース取引」と，それ以外の「所有権移転外ファイナンス・リース取引」に分類されます。

1．固定資産

(1) 固定資産とは

　固定資産は，有形固定資産，無形固定資産，投資その他の資産に区分されます。さらにその内容に応じて，有形固定資産は建物，建物付属設備，機械装置，車両運搬具などのように区分され，無形固定資産は特許権，実用新案権，営業権などのように区分されます。

(2) 固定資産の取得価額

　固定資産の取得価額とは，原則として購入代金に付随費用を加えた金額となります。また，有形固定資産においては，資産除去債務に関する会計基準の適用により，資産除去債務に対応する将来の除去費用も取得価額に加えられることもあります。

(3) 減価償却について

　減価償却とは，長期にわたって使用する固定資産を，取得時に一括して費用処理するのではなく，利用期間（耐用年数）における各事業年度の費用として計上し収益と適切に対応させる会計上の処理をいいます。減価償却は取得価額，耐用年数，残存価額という3要素によって計算されます。特に耐用年数や残存価額には将来の事象を見込む必要があり，恣意性を排除するためにも所定の減価償却方法に従って計画的・規則的に実施される必要があります。

　なお，通常の減価償却とは別に，2つ以上の複数の固定資産について一括して減価償却を実施する総合償却もあります。

① 固定資産を購入した場合の会計処理

〈前　提〉
　a　平成X1年4月1日に大阪支社（建物）を1,000百万円で購入しました。
　b　不動産会社などに購入手数料として100百万円支払いました。
　c　耐用年数は30年。残存価額は10％。
　d　減価償却方法は定額法を採用しています。
　e　会社決算日は毎年3月31日。
　f　資産除去債務はないものとします。

〔仕　訳〕

平成X1年4月1日（固定資産取得日）　　　　　　　　　　（単位：百万円）

（借）建　　　物　1,100	（貸）現　金　預　金　1,100

② 決算日の会計処理

　上記①の諸条件を前提とすると

〔仕　訳〕

平成X2年3月31日（購入後初めての決算日）　　　　　　　（単位：百万円）

（借）減 価 償 却 費　　33	（貸）減価償却累計額　　33

(4) 資本的支出と修繕費の関係

有形固定資産を取得した後に追加的にその資産に関して支出することがあります。その支出が有形固定資産の通常の維持や管理のためのものであれば、修繕費などの費用項目として会計処理されます。一方、その支出が対象となる有形固定資産の価値を増加させたり耐用年数を延長させるような場合は、資本的支出として有形固定資産の取得原価として会計処理します。

なお、リース資産の場合は通常の修繕等に関する責任は、原則としてリース会社が負っているので、つまり、毎月支払っているリース料に相当額が含まれているためリース資産を計上している利用者（借手）側で修繕費等の追加的な収益的支出がなされることはありません。

2．ファイナンス・リース取引の概要

(1) ファイナンス・リース取引の会計処理

【借　手】

① 借手において当該リース物件の貸手の購入価額等が明らかな場合

〈前　提〉

a 諸条件を検討の結果、ファイナンス・リース取引の所有権移転外取引に該当するものとします。

b 会社決算日は毎年3月31日。リース取引は平成X1年4月1日開始。

c リースの解約不能期間は5年。

d リース料は月額1,000千円で毎月末支払い。リース料総額は60,000千円

e 貸手の購入価額は50,000千円

f 借手の見積現金購入価額は51,000千円

g 借手の追加借入利子率は年6％

h 貸手の見積残存価額は0。リース物件の経済的耐用年数は8年。

〔仕 訳〕
平成X1年4月1日（リース取引開始日） （単位：千円）

| （借）リース資産 50,000 | （貸）リース債務 50,000 |

貸手の購入価額は50,000千円
リース料総額の割引現在価値は51,726千円※
50,000千円＜51,726千円なので50,000千円

$$※51{,}726 = \frac{1{,}000}{\left(1+0.06\times\frac{1}{12}\right)} + \frac{1{,}000}{\left(1+0.06\times\frac{1}{12}\right)^2} + \frac{1{,}000}{\left(1+0.06\times\frac{1}{12}\right)^3}$$

$$+\cdots\cdots \frac{1{,}000}{\left(1+0.06\times\frac{1}{12}\right)^{60}}$$

　借手において当該リース物件の貸手の購入価額が明らかな場合は，リース料総額を現在価値を算定するための割引率で割り引いた現在価値と貸手の購入価額とのいずれか低い額で計上します。
　固定資産を購入した場合は要素別に建物，機械装置，車両運搬具などの科目に区分して計上されますが，リース契約で売買処理により建物や機械装置などの資産を取得した場合には「リース資産」という科目で計上されます。
② 　借手において当該リース物件の貸手の購入価額等が明らかでない場合
　　上記①の諸条件を前提とすると，

〔仕 訳〕
平成X1年4月1日（リース取引開始日） （単位：千円）

| （借）リース資産 51,000 | （貸）リース債務 51,000 |

借手の見積り現金購入価額は51,000千円
リース料総額の割引現在価値は51,726千円※
51,000千円＜51,726千円なので51,000千円

$$※51,726 = \frac{1,000}{\left(1+0.06\times\frac{1}{12}\right)} + \frac{1,000}{\left(1+0.06\times\frac{1}{12}\right)^2} + \frac{1,000}{\left(1+0.06\times\frac{1}{12}\right)^3}$$

$$+ \cdots\cdots \frac{1,000}{\left(1+0.06\times\frac{1}{12}\right)^{60}}$$

貸手の購入価額等が明らかでない場合は，上記①の割引現在価値と見積り現金購入価額とのいずれか低い額で計上します。

③ リース支払日の会計処理

上記①の諸条件を前提とすると，

〔仕 訳〕

平成X1年4月30日（第1回リース料支払日）　　　　　　　　　（単位：千円）

（借）リース債務	720	（貸）現 金 預 金	1,000
支 払 利 息	280(※1)		

　（※1）　51,000千円×6.589%(※2)×$\frac{1}{12}$ = 280

適用利率の計算方法

$$※2\quad 51,000 = \frac{1,000}{\left(1+r\times\frac{1}{12}\right)} + \frac{1,000}{\left(1+r\times\frac{1}{12}\right)^2} + \frac{1,000}{\left(1+r\times\frac{1}{12}\right)^3}$$

$$+ \cdots\cdots \frac{1,000}{\left(1+r\times\frac{1}{12}\right)^{60}} \qquad r=6.589\%$$

ファイナンス・リース取引におけるリース料総額は，原則として，利息相当額部分とリース債務の元本相当額部分とに区分計算し，前者は支払利息として処理し，後者はリース債務の元本返済として処理します。全リース期間にわたる利息相当額の総額は，リース取引開始日におけるリース料総額とリース資産（リース債務）の計上価額との差額になります。

支払利息相当額を計算するためにはリース債務の返済スケジュール表を作成することが有用です。

※【返済スケジュール表】例示

(単位:千円)

回数	返済日	前月末元本	返済合計	元本分	利息分	月末元本
1	平成Ｘ１年４月30日	51,000	1,000	720	280	50,280
2	平成Ｘ１年５月31日	50,280	1,000	724	276	49,556
3	平成Ｘ１年６月30日	49,556	1,000	728	272	48,828
4	平成Ｘ１年７月31日	48,828	1,000	732	268	48,096
5	平成Ｘ１年８月31日	48,096	1,000	736	264	47,360
6	平成Ｘ１年９月30日	47,360	1,000	740	260	46,620
7	平成Ｘ１年10月31日	46,620	1,000	744	256	45,876
8	平成Ｘ１年11月30日	45,876	1,000	748	252	45,128
9	平成Ｘ１年12月31日	45,128	1,000	752	248	44,376
10	平成Ｘ２年１月31日	44,376	1,000	756	244	43,620
11	平成Ｘ２年２月28日	43,620	1,000	760	240	42,859
12	平成Ｘ２年３月31日	42,859	1,000	765	235	42,095
13	平成Ｘ２年４月30日	42,095	1,000	769	231	41,326
14	平成Ｘ２年５月31日	41,326	1,000	773	227	40,553
15	平成Ｘ２年６月30日	40,553	1,000	777	223	39,775
			⋮			
60	平成Ｘ６年３月31日	995	1,000	995	5	0
合計			60,000	51,000	9,000	

(注) リース資産の計上額:51,000千円
　　 適用利率:6.589％
　　 利息の計算は月数割り

④ 決算日の会計処理

上記①の諸条件を前提とすると,

〔仕 訳〕

平成X2年3月31日（第12回リース料支払日及び決算日）　　　　（単位：千円）

（借）リース債務　　　765	（貸）現金預金　　1,000
支払利息　　　235	
（借）減価償却費　10,200^(※)	（貸）減価償却累計額　10,200

(※) $51{,}000千円 \times \dfrac{1年}{5年} = 10{,}200千円$

リース期間を耐用年数として残存価額は0として減価償却費を計算します。

(2) オペレーティング・リース取引の会計処理

① リース料支払日の会計処理

〔前　提〕

a　諸条件を検討の結果，オペレーティングリースに該当するものとします。

b　毎月の支払いリース料は1,000千円で毎月末支払い。

c　リース取引は平成X1年4月1日開始。

〔仕　訳〕

平成X1年4月30日（第1回リース支払日）　　　　　　　　　　（単位：千円）

（借）支払リース料　1,000	（貸）現金預金　1,000

以後，リース期間にわたって毎月末上記と同じ会計処理が行われます。

（公認会計士　岸田靖）

15　外貨建取引

Q 27　外貨建取引，外貨建資産負債の換算

外貨建取引や外貨建資産負債の換算についてのポイントを教えてください。

Point

- 外貨建取引とは，「売買価額その他取引価額が外国通貨で表示されている取引」もしくは，「取引等が円貨で示されている場合であっても為替差損益を負担する等により，実質的に取引価額が外国通貨で表示されている取引と同等とみなされる取引」を指します。
- 換算に用いる為替レートは，ＴＴＳ，ＴＴＭ，ＴＴＢがありますが，継続して適用する必要があります。
- 決算時の直物為替相場としては，決算日の直物為替相場のほか，決算日の前後一定期間の直物為替相場に基づいて算出された平均相場を用いることができます。

1．概　要

　外貨建取引とは，「売買価額その他取引価額が外国通貨で表示されている取引」（外貨建取引等会計処理基準（以下「外貨建基準」という）注解注1）をいいます。すなわち，経理処理すべき取引等の金額が外貨（ドル，ポンド等の外国通貨）で示されている取引が外貨建取引となります。ただし，取引や債権債務の額が外国通貨で表示されている場合であっても，その支払額が本邦通貨（円）で決まっているときには，当該円で取引を記録すればよく，記帳のために外貨を円

貨に換算する問題は生じません。逆に，取引等が円貨で示されている場合であっても為替差損益を負担する等により，実質的に取引価額が外国通貨で表示されている取引と同等とみなされるものは，外貨建取引に該当することには注意が必要です。

わが国の外貨建取引等の会計処理は，「外貨建基準」及び「同注解」に従って処理されますが，詳細な処理等については日本公認会計士協会が公表している会計制度委員会報告第4号「外貨建取引等の会計処理に関する実務指針」（以下，「外貨建実務指針」という）において示されています。また，税務上の取り扱いについては，法人税法及び法人税法施行令の他，法人税基本通達第13章の2において詳細に規定されています。

2．為替相場について

為替相場には，契約から受け渡しまでの期間に応じて，直物相場と先物相場，銀行間で行われるのか銀行と顧客の間で行われる取引かに応じて，銀行間為替相場と対顧客為替相場，外貨の売り買いに応じて，売相場，買相場などの別があります。

受渡期間の別	銀行間か顧客との間かの別	売り買いの別
直物相場	銀行間相場	売相場
先物相場	対顧客相場	買相場

一般的に，換算に用いられる相場は，対顧客直物相場であり，電信為替売買相場が用いられます。為替相場は，「為替レート」や単に「レート」と呼ばれることも少なくありません。売相場と買相場の別は，銀行が売るのか買うのかという観点からの区分です。売相場は銀行が外貨を売るときの相場，買相場は銀行が外貨を買うときの相場ということになります。

3．外貨建取引発生時

外貨建取引発生時の換算で用いられる為替相場（対顧客直物電信為替相場）に

は，対顧客電信売相場（TTS），対顧客電信買相場（TTB），電信売買相場の仲値（TTM）があります。

種類		相場の意味	
TTS	対顧客直物電信売相場	銀行が外貨を売る相場	顧客側が外貨を買う相場
TTM	仲値	売り買いの相場の中間	仲値
TTB	対顧客直物電信買相場	銀行が外貨を買う相場	顧客側が外貨を売る相場

　外貨建基準においては，「外貨建取引は，原則として，当該取引発生時の為替相場による円換算額をもって記録する」とされているのみで，どの相場を用いるのかについては言及されていません。これに対して，円換算の方法は法人税基本通達13の２－１－２では，次のように示されています。

原則的方法	電信売買相場の仲値
例外的方法 （継続適用が必要）	売上その他の収益又は資産＝電信買相場 仕入その他の費用（原価及び損失を含む）又は負債＝取引日の電信売相場

　会計上は，会社が税務上採用した方法に従っていればよいということになるでしょう。そして，換算に用いる相場の適用については，会計上も税務上も継続して適用する必要があります。

　ここまでの相場の適用をとりまとめると，次のようになります。

	種類		相場の内容	どのように使われるか
原則	TTM	仲値	売り買いの相場の中間	簡便的に資産，負債両者の換算
例外	TTS	売り相場	銀行が外貨を売る相場	企業が外貨を買って決済＝負債の換算
	TTB	買い相場	銀行が外貨を買う相場	企業が外貨を売って収入＝資産の換算

　外貨建取引が決済される場合には，取引発生時に換算した金額と異なることが通常であり，決済差損益が生じます。また，期末の相場と取引発生時の相場が異なる場合には，為替換算差損益が生じます。

(例1)

① 輸出により100ドルの売上を計上した。
② 輸入により100ドルの商品を仕入れた。
　取引時の相場は，ＴＴＳ＝115円／ドル，ＴＴＢ＝113円／ドル，ＴＴＭ＝114円／ドル，であった。
③ 輸出売掛金が決済された。入金は，1ドル112円でなされ銀行に11,200円入金された。

(1) 原則的方法
① 外貨建売上計上

| （借）外貨建売掛金　11,400 | （貸）輸出売上高　11,400 |

取引金額100ドル×ＴＴＭ＝114円／ドル＝11,400円

② 外貨建仕入計上

| （借）商　品　11,400 | （貸）外貨建買掛金　11,400 |

取引金額100ドル×ＴＴＭ＝114円／ドル＝11,400円

③ 輸出売掛金決済

| （借）現　金　11,200
　　　為替差損益　　200 | （貸）外貨建売掛金　11,400 |

(2) 例外的方法
① 外貨建売上計上

| （借）外貨建売掛金　11,300 | （貸）輸出売上高　11,300 |

取引金額100ドル×ＴＴＢ＝113円／ドル＝11,300円

② 外貨建仕入計上

（借）商　　　　品　11,500	（貸）外貨建買掛金　11,500

取引金額100ドル×ＴＴＳ＝115円／ドル＝11,500円

③ 輸出売掛金決済

（借）現　　　　金　11,200 　　　為替差損益　　　100	（貸）外貨建売掛金　11,300

４．決算時の処理（会計基準による換算）

(1) 決算時の為替相場

外貨建会計処理基準によれば，決算時の直物為替相場としては，決算日の直物為替相場のほか，決算日の前後一定期間の直物為替相場に基づいて算出された平均相場を用いることができるとされています。

為替相場を標記する場合には，次の略号が用いられることがほとんどですので，覚えておくことが望まれます。

ＣＲ	カレント・レート	決算時の為替相場
ＨＲ	ヒストリカル・レート	取得時又は発生時の為替相場
ＡＲ	アベレージ・レート	期中平均相場

(2) 決算時の換算
① 決算時の換算の概要

外貨建基準で示されている決算時の換算の概要をとりまとめると，次のようになります（なお，円価額で為替変動のリスクを負わない棚卸資産や固定資産等の非貨幣性資産については，決算時の換算替は行いません）。

項　　目		適用レート
外国通貨		CR
外貨建金銭債権債務（外貨預金を含む）		CR
外貨建有価証券	売買目的	CR
	満期保有債券	
	その他有価証券	
	子会社株式等	HR
デリバティブ取引等		CR

　決算時に外貨建資産及び外貨建負債は上記の為替相場で換算されるため，帳簿に計上されている額と決算時の換算額とに差額が生じることがほとんどです。このような決算時における換算によって生じた換算差額は，原則として，当期の為替差損益として処理することになります。

（例2）

> A社の決算時の外貨建資産の状況は次のようである。
>
> 　　　　　　　　　（外貨額）　　　　　（帳簿計上額）
> 外貨建預金　　10,000ドル　　　1,150,000円
> 外貨建売掛金　15,000ドル　　　1,695,000円
> 外貨建買掛金　10,000ドル　　　1,120,000円
> 期末時の為替相場は，114円であった。決算時の処理を示しなさい。

・外貨建預金

> （借）外 貨 建 預 金 1,140,000　　（貸）外 貨 建 預 金 1,150,000
> 　　　為 替 差 損 益　　 10,000

　　期末換算額＝10,000ドル×114円／ドル（決算時の為替相場）＝1,140,000円
　　為替換算差損＝1,140,000円（決算）－1,150,000円（帳簿）＝△10,000円

・外貨建売掛金

(借) 外貨建売掛金 1,710,000	(貸) 外貨建売掛金 1,695,000
	為　替　差　損　益　　　15,000

　期末換算額＝15,000ドル×114円／ドル（決算時の為替相場）＝1,710,000円
　為替換算差益＝1,710,000円（決算）－1,695,000（帳簿）＝15,000円

・外貨建買掛金

(借) 外貨建買掛金 1,120,000	(貸) 外貨建買掛金 1,140,000
為　替　差　損　益　　　20,000	

　期末換算額＝10,000ドル×114円／ドル＝1,140,000円
　為替換算差損＝1,120,000円（帳簿）－1,140,000円（決算）＝△20,000円

　② 為替予約の処理

　為替相場の変動のリスクを回避するために，為替予約を行うことがあります。為替予約の処理は原則的には，期末に時価評価して貸借対照表に計上し，時価評価差額は損益計算書に計上されることになります。すなわち，為替予約は，為替予約の対象となった外貨建金銭債権債務とは独立して処理するのが原則となります。

　しかしながら，外貨建金銭債権債務と為替予約等との関係が，「金融商品に関する会計基準」（企業会計基準委員会）におけるヘッジ会計の要件を満たしている場合には，当該外貨建取引及び外貨建金銭債権債務等についてヘッジ会計を適用することができるとされています。また，ヘッジ会計の適用においては，金融商品会計基準におけるヘッジ会計を原則としながらも，当分の間，特例により「振当処理」によることができるものとされています（外貨建基準注解注6）。ただし，振当処理の対象となる外貨建金銭債権債務等は，為替予約等が振当処理されることにより将来のキャッシュ・フローが固定されるものに限られます。

(ヘッジ会計の要件)

> ① ヘッジ取引時の要件：ヘッジ取引が企業のリスク管理方針に従ったものであることが取引時に客観的に認められること。
> ② ヘッジ取引時以降の要件：ヘッジの効果が定期的に確認されていること。

(例3)

> A社（3月決算）は，×1年4月に予定されている原材料のドル建輸入に関して，円安による決済金額の増加を懸念して，×1年1月末にこの取引をヘッジするための為替予約を行った。この輸入取引は実行される可能性が極めて高いものであり，ヘッジ会計の要件も満たしている。
> 取引量及び価格の予想に基づいて，5月末を決済期日とする為替予約を5,000ドル行い，為替予約相場は1ドル＝110円であった。その後の直物為替相場の推移は次のとおりであり，4月30日に予想と同額の5,000百万ドルの輸入取引が実行された。
> 一連の取引について，振当処理による会計処理を示しなさい。
>
> 決　算　日（3月31日）　　107円
> 取引実行日（4月30日）　　112円
> 為替予約決済日（5月31日）　114円

① 為替予約締結日（1月31日）

　　仕訳なし

② 決算時（3月31日）

> （借）繰延ヘッジ損失　15,000　　（貸）為 替 予 約　15,000
> 　　　（資　　産）

（110円（為替予約）−107円（決算時の相場））×5,000ドル＝15,000円

③ 翌期首（4月1日）

（借）為 替 予 約　15,000　　（貸）繰延ヘッジ損失　15,000
　　　　　　　　　　　　　　　　　　（資　　　産）

④ 取引実行日（4月30日）

（借）仕　　　　入　550,000　　（貸）買　　掛　　金　550,000

仕入取引を為替予約相場により計上する。
5,000ドル×110円／ドル＝550,000円

⑤ 為替予約決済日（5月31日）

（借）買　　掛　　金　550,000　　（貸）現　金　預　金　550,000

(3) 有価証券の処理

　外貨建資産のうち有価証券の処理について、「外貨建実務指針」を参考に取りまとめると、概ね次のようになります。

① 売買目的有価証券

有価証券の種類	期末評価（外貨）	期末の換算レート	円貨額	換算差額	補足，追加説明
外貨建売買目的有価証券	①時価	②決算時の直物為替相場（CR）	①×②	当期の評価損益として処理	換算差額は，外貨による評価差額を決算時の直物為替相場で円換算した換算額と外貨による取得原価に係る為替差損益とからなる。

② 満期保有有価証券

有価証券の種類	期末評価（外貨）	期末の換算レート	円貨額	換算差額	補足，追加説明
外貨建満期保有目的債券	①外貨建ての償却原価法	②決算時の直物為替相場（CR）	③＝{(①×②)－取得時又は前期末のB／S価額}	④－外貨建ての当期償却額を期中平均相場により換算した額	円貨による当期償却額は，利息の調整項目として処理
為替予約を付した外貨建満期保有目的債権（振当処理を選択）	①外貨建ての満期償還金額（額面金額）	②為替予約相場	①×②	－	外貨建ての取得原価が額面金額と異なる場合は，「外貨建て取得原価×為替予約時のCR」と「①×②」の差額を，満期日の属する期まで合理的な方法により配分し，各期の損益とする。

③ 外貨建その他有価証券

有価証券の種類	期末評価（外貨）	期末の換算レート	円貨額	換算差額	補足，追加説明
外貨建その他有価証券	①時価	②決算時の為替レート（CR）	①×②	純資産の部の時価差額	連結財務諸表においては，純資産の部に計上される評価差額の当期変動額をその他の包括利益として，「連結包括利益計算書」又は「連結損益及び包括利益計算書」に表示する必要がある。
	①時価を把握することが極めて困難と認められる場合は，取得原価又は償却原価			外貨建債権については，外国通貨による時価を決算時の為替相場で換算した金額のうち，外国通貨による時価の変動による部分を評価差額とし，それ以外の部分を為替差損益とすることができる。	

④ 外貨建子会社株式及び関連会社株式

有価証券の種類	期末評価（外貨）	期末の換算レート	円貨額	換算差額	補足，追加説明
外貨建子会社株式及び関連会社株式	①取得原価	②取得時の為替レート（HC）	①×②	－	－

⑤ 時価を把握することが極めて困難と認められる外貨建株式の強制評価減

株式の実質価額が著しく低下したかどうかの判断	実質価額が著しく低下したときとは	換算レート	換算差額	補足，追加説明
外貨建ての実質価額と外貨建ての取得原価とを比較して判断	少なくとも株式の実質価額が取得原価に比べて50％程度以上下落した場合	決算時の為替相場（CR）※実質価額を子会社及び関連会社であっても決算時の為替相場により円換算	当期の有価証券の評価損として処理	（資産等の時価の考慮）実質価額算定に当たり，資産等の時価評価のための資料が合理的に入手できる場合には，時価評価に基づく評価差額等を加味して，外貨建ての実質価額を算定。（著しい物価変動等）著しい物価変動等を起因とした為替相場の変動の著しい状況において，時価を把握することが極めて困難な場合には，再評価後の外国通貨による実質価額を決算時の為替相場により円換算することができる。

⑥ 時価のある外貨建有価証券の強制評価減

著しく下落したかどうか	回復する見込みがあるかどうか	換算	換算差額	補足，追加説明
外貨建ての時価と外貨建ての取得原価とを比較して判断。必ずしも数値化は難しいが，50％程度以上下落した場合には，合理的反証がない限り「著しい下落」。下落が概ね30％未満の場合には，一般的には「著しい下落」には該当しないものと考えられる。	株式の場合，時価の下落が一時的なものであり，期末日後概ね1年以内に取得原価にほぼ近い水準まで回復する見込みのあることを合理的な根拠をもって予測できる場合に「回復見込みあり」。債券の場合，格付けの著しい低下，債券の発行会社の債務超過や連続した赤字決算などの信用リスクの増大に起因している場合は，通常は「回復する見込みあり」とは認められない。	外貨建ての時価を決算時の為替相場（CR）により円換算	当期の有価証券の評価損として処理	外貨建その他有価証券のうち債券について，時価の著しい下落は生じていなくても，円相場の著しい上昇により，円換算後の金額が著しく下落するときには，外貨建ての時価を決算時の為替相場により換算し，換算差額を当期の損失として処理する。

⑦ 外貨建債券等の外貨による非貨幣性資産への再投資

外貨建債券，外貨建預金及び外貨建貸付金等の貨幣性資産に係る受取外貨額を円転せずに外貨による有形固定資産等の取得に再投資する目的で保有し，2つの条件をいずれも満たしている場合には，換算差額を繰り延べ，外貨による非貨幣性資産等の取得原価に加減することができます。ただし，再投資までの期間が概ね1年を超える場合には，取引の実行可能性について十分に吟味する必要があります。

（条件）
　条件1．外貨建債券等の取得の当初から再投資することを計画していることが正式な文書により明確であること
　条件2．同一通貨同士の取引であること

（例4）

① 売買目的有価証券

ニューヨーク証券取引所に上場されているA社株式を，売買目的有価証券として取得している。

a．取　得　時

取得価額100ドル（10株取得，1株10ドル）取得時の為替相場108円／ドル

b．決算時の時価及び為替相場

決算時の時価は1株10.5ドル，為替相場は102円／ドル

② 満期保有債券

B社は×1年1月1日に，額面1,000ドル，償還期限×2年12月31日，利率5％の外貨建社債を950ドルで取得した。取得目的は満期保有目的である。B社の決算日は3月31日である。

a．取得時の為替相場は110円であった。

b．決算時の為替相場は，112円，期中平均相場は，111円であった。

③ その他有価証券

米国NASDAQに上場されているS社株式を，その他有価証券として取得している。

a．取　得　時

取得価額100ドル（10株取得，1株10ドル）取得時の為替相場108円／ドル

b．決算時の時価及び為替相場

決算時の時価は1株10.5ドル，為替相場は102円／ドル

なお，実効税率は40％である。

①a．取　得　時

（借）売買目的有価証券	10,800	（貸）預　金	10,800

100ドル（10株×10ドル）×108円／ドル

b．決 算 時

| （借）売買目的有価証券運用損 | 90 | （貸）売買目的有価証券 | 90 |

10株×10.5ドル（時価）×102円－10,800円＝△90（運用損）

（注） 外貨による時価を決算時の直物為替相場で換算するため，換算差額は，外貨による評価差額を決算時の直物相場で換算した換算額と外貨による取得原価に係る為替差損益からなるが，すべて当期の損益として処理する。

② a．取 得 時

| （借）満期保有外貨建社債 | 104,500 | （貸）預　　　　金 | 104,500 |

950ドル×110円／ドル（取得時の相場）＝104,500円

b．決 算 時

・未収利息の計上

| （借）未 収 収 益 | 1,400 | （貸）有価証券利息 | 1,400 |

1,000ドル（額面）×5％（利率）×（3か月／12か月）×112円／ドル（決算時の相場）
＝1,400円

・償却原価法の適用（期中平均相場を適用）

| （借）満期保有外貨建債券 | 693.75 | （貸）有価証券利息 | 693.75 |

（1,000（額面）－950（取得額））×3か月／24か月（償還期間までの月数）
＝6.25ドル

6.25ドル×111円／ドル（平均相場）＝693.75円

・為替差損益の計算

| (借)満期保有外貨建債券 1,906.25 | (貸)為替差損益 1,906.25 |

ア．ドル建の償却原価法適用後の簿価を決算時の為替相場で円換算した額から取得時の円建の帳簿価額を控除して算定。
(借方)
<u>(950ドル＋6.25ドル)</u>×112円／ドル(決算相場)－104,500円＝2,600円
ドルでの評価額
イ．ア－償却原価適用額
2,600円－693.75円＝1,906.25円

③ その他有価証券
a．取　得　時

| (借)その他有価証券　10,800 | (貸)預　　　金　10,800 |

100ドル(10株×10ドル)×108円／ドル

b．決　算　時

| (借)その他有価証券評価差額金　54 | (貸)その他有価証券　90 |
| 繰延税金資産　36 | |

10株×10.5ドル(時価)×102円－10,800円＝△90円 (評価差額)
△90×40％＝税効果＝△36円，△90－△36＝△54円

(注) その他有価証券については，外国通貨による時価を決算時の為替相場により円換算した額を付す。この結果生じる換算差額は，原則として評価差額に含めて処理し，税効果を考慮して，純資産の部に直接計上する。

(4) 減損会計適用上の為替相場

　会計基準適用指針第6号「減損会計適用指針」（企業会計基準委員会）第20項によれば，「将来キャッシュ・フローが外貨建てで見積られる場合，第18項及び第19項に基づいて算定された外貨建ての将来キャッシュ・フローを，減損損失の認識の判定時の為替相場により円換算し，減損損失を認識するかどうかを判定するために見積られる割引前将来キャッシュ・フローに含める。」とされています。「減損損失の認識の判定時の為替相場（減損検討時のカレント・レート）」ということであると解されるため，輸出取引の多い企業にとっては，為替相場の変動が，将来キャッシュ・フローの見積りに大きな影響を与え，当該影響により減損損失を計上しなければならない可能性もあるため，為替相場に常に注意を払っておくことが必要となります。

5．在外支店の換算

　在外支店の換算方法については，原則として，本店と同様に処理します。ただし，外国通貨で表示されている在外支店の財務諸表に基づき本支店合併財務諸表を作成する場合には，次の方法によることができます。

収益及び費用の換算の特例	収益及び費用（収益性負債の収益化額及び費用性資産の費用化額を除く）の換算については，期中平均相場によることができる。
外貨表示財務諸表項目の換算の特例	棚卸資産，固定資産等の非貨幣性項目の額に重要性がない場合には，すべての貸借対照表項目（支店における本店勘定等を除く）について決算時の為替相場による円換算額を付する方法を適用することができる。この場合は，損益項目についても決算時の為替相場によることを妨げない。
換算差額の処理	本店と異なる換算方法によったことで生じた換算差額は，当期の為替差損益として処理する。

6．在外子会社の換算

在外子会社の換算について取りまとめると，次のようになります。

(1) 貸借対照表項目

項　　目	換算レート等
流動資産	決算時の為替相場（カレント・レート：CR）
固定資産	
流動負債	
固定負債	
資本	親会社による株式の取得時：株式取得時の為替相場（HR） 取得後に生じた項目：当該項目の発生時の為替相場（HR）
為替換算調整勘定	換算によって生じた差額は，為替換算調整勘定として純資産の部に記載。

(2) 損益計算書項目

項　　目	換算レート等
収　　益	・原則として期中平均相場，ただし，決算時の為替相場によることを妨げない。 　親会社との取引による収益及び費用の換算については，親会社が換算に用いる為替相場による。この場合に生じる差額は当期の為替差損益として処理する。
費　　用	

（参考文献等）
・伊藤　眞著『外貨建取引・通貨関連デリバティブの会計実務〔第２版〕』中央経済社，平成17年７月
・成田智弘「外貨建資産・取引の会計処理と税務処理」『税経通信』，2008年７月10日号
・新日本有限責任監査法人編『外貨建取引会計の実務』中央経済社，2010年３月

（公認会計士　成田智弘）

16 純資産

Q 28 純資産と包括利益

純資産と包括利益について分かりやすく教えてください。

Point

- 純資産とは貸借対照表の区分の1つです。貸借対照表は資産の部，負債の部及び純資産の部に区分されます。
- 純資産の部は従来は資本の部と表示されていましたが，負債でも株主資本でもない中間項目的な区分（少数株主持分など）が見られるようになり，「国際的な会計基準であるIFRS（国際財務報告基準）（以下，「IFRS」という）」と整合させる動きなどから純資産の部という概念が設けられました。
- 純資産の部は株主資本と株主資本以外の各項目に区分されます。
- 包括利益とはIFRSとのコンバージェンスの取組みとして公表された「包括利益の表示に関する会計基準（企業会計基準第25号）」により定義された利益の概念です。
- 「包括利益」とは，ある企業の特定期間の財務諸表において認識された純資産の変動額のうち，当該企業の純資産に対する持分所有者との直接的取引によらない部分をいいます。
- 「その他の包括利益」とは，包括利益のうち当期純利益及び少数株主持分に含まれない部分をいいます。
- 包括利益＝当期純利益＋その他の包括利益

1．純資産の概要

(1) 純資産の区分

純資産の部の表示については，株主資本と株主資本以外の項目に区分されます。

株主資本は株主に帰属するものであることを強調する観点から「株主資本」と称されることになりました。

株主資本は，資本金，資本剰余金及び利益剰余金に区分されます。

株主資本以外の項目は個別貸借対照表と連結貸借対照表で異なります。

個別貸借対照表上は，評価・換算差額等及び新株予約権に区分します。

連結貸借対照表上は，評価・換算差額等，新株予約権及び少数株主持分に区分します。

＜評価・換算差額等の内訳＞

> その他有価証券評価差額金
> 繰延ヘッジ損益
> 土地再評価差額金
> 為替換算調整勘定　など

なお，「包括利益の表示に関する会計基準（企業会計基準第25号）」の公表に伴い，純資産の部の「評価・換算差額等」は「その他の包括利益累計額」と読み替えられることになりました。原則として平成23年3月31日以後終了する連結会計年度から適用されます。

(2) 純資産の部の表示

（個別貸借対照表）	（連結貸借対照表）
純資産の部 Ⅰ　株主資本 　1　資本金 　2　新株式申込証拠金 　3　資本剰余金 　　(1)　資本準備金 　　(2)　その他資本剰余金 　　　　　資本剰余金合計 　4　利益剰余金 　　(1)　利益準備金 　　(2)　その他利益剰余金 　　　　××積立金 　　　　繰越利益剰余金 　　　　　利益剰余金合計 　5　自己株式 　6　自己株式申込証拠金 　　　　　株主資本合計 Ⅱ　その他の包括利益累計額 　1　その他有価証券評価差額金 　2　繰越ヘッジ損益 　3　土地再評価差額金 　　　　評価・換算差額等合計 Ⅲ　新株予約権 　　　　　純資産合計	純資産の部 Ⅰ　株主資本 　1　資本金 　2　新株式申込証拠金 　3　資本剰余金 　4　利益剰余金 　 　5　自己株式 　6　自己株式申込証拠金 　　　　　株主資本合計 Ⅱ　その他の包括利益累計額 　1　その他有価証券評価差額金 　2　繰越ヘッジ損益 　3　土地再評価差額金 　4　為替換算調整勘定 　　　　評価・換算差額等合計 Ⅲ　新株予約権 Ⅳ　少数株主持分 　　　　　純資産合計

※当面の間，個別財務諸表には適用されない見込みです。

(3) 純資産項目の会計処理

以下において，純資産項目の代表的な会計処理について検討します。

① 募集株式の発行

会社が会社法第199条の定めにより株主総会において，以下のような条件で株式の発行を決定した。

〈条　件〉
・募集株式の数：10,000株
・募集株式の払込金額：100千円
・金銭の払込の期日：平成X2年7月20日
・増加する資本金の額：1株につき50千円
・増加する資本準備金の額：1株につき50千円

＜申込証拠金の受領時＞　　　　　　　　　　　　　　　　（単位：千円）

| (借)別　段　預　金 1,000,000 | (貸)新申込株証式拠金 1,000,000 |

＜払込期日：平成X2年7月20日＞　　　　　　　　　　　（単位：千円）

(借)新申込株証式拠金 1,000,000	(貸)資　本　金 500,000
	資　本　準　備　金 500,000
(借)当　座　預　金 1,000,000	(貸)別　段　預　金 1,000,000

② 減　　資

【無償減資の場合】

　会社が株主総会の特別決議で以下のような条件で減資を決定した。

〈条　件〉
・減少する資本金の額：500,000千円
・減少する資本準備金の額：500,000千円
・資本金の減少の額がその効力を生ずる日：平成X2年10月1日
・債権者異議の手続は平成X2年9月30日で終了

＜効力発生日：平成X2年10月1日＞　　　　　　　　　　（単位：千円）

| (借)資　本　金　　500,000 | (貸)その他資本剰余金 1,000,000 |
| 　　資　本　準　備　金　500,000 | |

【有償減資の場合】

会社が株主総会の特別決議で以下のような条件で減資を決定した。
- ・減少する資本金の額：500,000千円
- ・減少する資本準備金の額：500,000千円
- ・資本金の減少の額がその効力を生ずる日：平成X2年10月1日
- ・債権者異議の手続は平成X2年9月30日で終了

会社法第454条1項に基づく決定事項
- ・配当財産の種類及び帳簿価額の総額：1株につき金銭100千円とし総額は1,000,000千円とする
- ・当該剰余金の配当がその効力を生ずる日：平成X2年10月1日

＜減資の効力発生日：平成X2年10月1日＞ （単位：千円）

（借）資本金	500,000	（貸）その他資本剰余金	1,000,000
資本準備金	500,000		

＜剰余金の配当の効力発生日：平成X2年10月1日＞ （単位：千円）

（借）その他資本剰余金	1,000,000	（貸）未払配当金	1,000,000

2．包括利益の概要

(1) 包括利益について

　包括利益という概念は，IFRSで利用されている利益概念でしたが，国際的なコンバージェンスの一環として日本基準でも取り入れられたものです。

　従来の損益計算書は収益・費用アプローチで作成されていました。つまり，会社の1年間の製品の製造や販売，役務サービスの提供などによって獲得した利益を企業活動の成果と考えて，損益計算書に計上される収益と費用の差額を利益として計上していました。かつ，その収益や費用の性質・内容から，売上総利益，営業利益，経常利益，当期純利益と段階的な利益指標を開示していま

す。

　一方，IFRSが要求する包括利益計算書は，資産・負債アプローチで作成します。これは会社が1年間でどれだけ純資産（資産−負債）を増やしたかどうかを企業活動の成果として考えるものです。この利益を正しく計算するためには期首と期末の純資産を適切に算定しなければならず，結果として，期首と期末の各資産・負債の金額を適切に評価することが必要になります。多段階的な利益概念もないので，営業利益，経常利益といった開示も通常はなされません。

　今回の日本基準（「包括利益の表示に関する会計基準（企業会計基準第25号）」）では2計算書方式（連結損益計算書と連結包括利益計算書）と1計算書方式（連結損益及び包括利益計算書）が示されていますが，当期純利益までは従来の連結損益計算書と変わらない開示となっており，従来の日本基準とIFRSの要求する包括利益計算書との折衷的な内容となっています。

(2) その他の包括利益について

　その他の包括利益の内訳項目は，その内容に基づいて，その他有価証券評価差額金，繰延ヘッジ損益，為替換算調整勘定等に区分して表示されます。勘定科目名で分かるように，従来，貸借対照表の純資産の部の評価・換算差額等の内訳として開示されていたものです。そのため，純資産の部の評価・換算差額等も「包括利益の表示に関する会計基準（企業会計基準第25号）」の適用に伴い，その他の包括利益累計額と読み替えられることになりました。また，持分法を適用する被投資会社のその他の包括利益に対する投資会社の持分相当額は一括して区分表示します。

① その他有価証券評価差額金

　その他有価証券評価差額金とは，市場価格のあるその他有価証券を評価したことによる差額のことをいい，売買目的有価証券とは異なり，直ちに売買を目的とするものではないため，その評価差額を損益として認識せず，その他の包括利益の内訳項目として表示します。

② 繰延ヘッジ損益

繰延ヘッジ損益とは，原則として，時価評価されているヘッジ手段に係る損益又は評価差額をいい，ヘッジ対象に係る損益が認識されるまでは損益として認識せず，その他の包括利益の内訳項目として表示します。

③ 為替換算調整勘定

為替換算調整勘定とは海外子会社や海外関連会社の財務諸表を円換算する際に，複数の為替相場を使用することにより発生した差額をいいます。

④ 土地再評価差額金

「土地の再評価に関する法律（最終改正平成17年7月26日法律第87号）」に基づいて，大会社の一部の会社が事業用土地を時価評価し，当該事業用土地の帳簿価額を改訂することにより生じた差額をいいます。平成14年3月31日以降は新規の計上（再評価）は認められてませんが，それまでに計上された土地再評価差額金は今後も純資産の部に計上されます。

(3) 包括利益の表示例

包括利益とその他の包括利益，当期純利益の関係の理解を深めるため表示例を記載します。表示例からも包括利益＝当期純利益＋その他の包括利益であることが理解できると思います。

【2計算書方式】

〈連結損益計算書〉

売上高	10,000
━━━━━━━━━━	
税金等調整前当期純利益	2,200
法人税等	900
少数株主損益調整前当期純利益	1,300
少数株主利益	300
当期純利益	1,000

〈連結包括利益計算書〉

少数株主損益調整前当期純利益	1,300
その他の包括利益：	
その他有価証券評価差額金	530
繰延ヘッジ損益	300
為替換算調整勘定	△180
持分法適用会社に対する持分相当額	50
その他の包括利益合計	700
包括利益	2,000

（内訳）

親会社株主に係る包括利益	1,600
少数株主に係る包括利益	400

（出典：「包括利益の表示に関する会計基準（企業会計基準第25号）」）

【1計算書方式】

〈連結損益及び包括利益計算書〉

売上高	10,000
━━━━━━━━━━	
税金等調整前当期純利益	2,200
法人税等	900
少数株主損益調整前当期純利益	1,300
少数株主利益（控除）	300
当期純利益	1,000
少数株主利益（加算）	300
少数株主損益調整前当期純利益	1,300
その他の包括利益：	
その他有価証券評価差額金	530
繰延ヘッジ損益	300
為替換算調整勘定	△180
持分法適用会社に対する持分相当額	50
その他の包括利益合計	700
包括利益	2,000

（内訳）

親会社株主に係る包括利益	1,600
少数株主に係る包括利益	400

（公認会計士　岸田靖）

17 収益と費用

Q 29 輸出売上

輸出売上取引については、どのような手続や処理が行われるか教えてください。

Point

・輸出取引には、通関手続が必要になります。
・船積日基準を用いているケースがほとんどです。
・国際的な取引条件に基づいて、引渡条件が決められます。

1. 概　　要

　国内の売り上げについては、継続的に出荷される取引を前提とし、出荷日と到着日にほとんど差がないこと、返品がほとんどなく、相手先の検収作業が短期で行われることなどの実情から、検収作業が必須なもの以外については、ほとんどが簡便的に出荷時に売り上げが実現したものとみなして、出荷基準を採用しているものと考えられます。

　これに対して、輸出取引については、保税地域に輸出する物品を搬入し、税関長に対し輸出申告をし、検査を受け、税関から輸出入の許可を得るといった手続が必要となります。この手続は、「通関手続」と呼ばれ、通関手続は、比較的煩雑なこともあり、多くの場合は通関業者に依頼しています。また、この通関手続を行わないと輸出物の船積みができません。

　したがって、国内の工場や倉庫から出荷しただけでは、売り上げを計上することはできません。少なくとも通関手続を終了して輸出できる状況が必要となります。

わが国で現在，輸出売上の計上時点として用いられていると思われる基準及び内容は次のとおりです。

売上計上基準	基 準 の 内 容
通関日基準	商品の通関が完了した時点で収益を計上する方法です。通関の完了は関税法上，商品が外国貨物となり保税倉庫(注1)などの保税地域(注2)に保管されるだけのことですので，船積みが遅れることもしばしばであると思われます。 　また，通関の完了日をいちいち確かめなければならないため，経常的に行われる売上計上基準としては事務上煩雑であるという面があります。
船積日基準	品物を本船に積み込んだ時点で収益を計上する方法です。この方法は，売主と買主の危険負担の移転とも合致しています。貨物の積込みを立証するものに船荷証券（B/L）(注3)がありますが，その発行日は通常，輸出申請書に押印する積込日の日付と合致しており，船積日基準はその客観性，確実性等からも合理的な計上方法であると考えられます。一般的に，船積日基準で売上計上を行う会社が多く，船積日は船荷証券（B/L）で確認できるため，B／L日基準とも呼ばれます。
船荷証券入手日基準	船荷証券（B/L）を入手した時点で収益を計上する方法であり，事務処理の流れに忠実な方法ともいえますが，入手日を逐一立証することが実務上容易ではないこと及び事務手続が停滞する場合があること等の原因により，その収益計上が遅れる可能性があることから，収益の期間帰属の面から問題がないとはいえない方法です。

これらのうち，会社の実情に合った基準を会計方針として採用し，輸出売上の計上が行われます。例えば，船積日基準を採用している場合には，船積日に次の会計処理を行います。

（借）輸 出 売 掛 金　　×××　　　（貸）輸　出　売　上　　×××

輸出取引が外貨建で行われている場合には，会社が採用する外貨換算の方針に従って円貨に換算されます。

2．輸出入における引渡条件

輸出入取引においては，引渡条件が多様であることに特色があります。一般的に，輸出については，国際商業会議所（ICC：International Chamber of Commerce）で取り決められた標準的な貿易条件である国際的取引条件（インコタームズ：INCOTERMS：International Commercial Terms）によって取引がなされます(注4)。

2011年1月発効のインコタームズ2010では，次の11条件に分類されています。

類　　型	略号	条　　件	危険負担の移転の時点
あらゆる運送形態に適する	EXW	工場渡条件	工場で引き渡した時点
	FCA	運送人渡条件	買主指定の運送人引渡時点
	CPT	輸送費込条件	運送人又は代理人引渡時点
	CIP	輸送費・保険料込条件	本船に積み込んだ時点
	DAT	ターミナル持込渡し	指定ターミナルで荷降ろしし，買主の処分に委ねられた時点
	DAP	仕向け地持込渡し	指定仕向け地で輸送手段の上で買主の処分に委ねられた時点
	DDP	仕向地持込渡し（関税込み）条件	輸入地の指定場所での引渡時点（関税納付義務）
海上及び内陸水路輸送	FAS	船側渡条件	船側に置かれた時点
	FOB	本船渡条件	本船に積み込んだ時点
	CFR	運賃込条件	本船に積み込んだ時点
	CIF	運賃・保険込条件	本船に積み込んだ時点

3．主な輸出売上条件

よく用いられている輸出売上条件であるFOBとCIFについて，売り上げの計上と関連させて説明します。

① FOB条件

FOB（Free on Board）は「本船渡し」と呼ばれ，売主が通関を完了した品物を買手の指定する本船に積み込み，その本船上での引き渡しを完了するまでの一切の費用を負担し責任を負うものです。すなわち，本船上の引き渡し完了

により，危険と費用の負担がその時点で売手から買手に移る売買条件となります。「積み込み」の時点は具体的には，貨物が本船舷側の欄干を越えたときとされています。

　ＦＯＢ条件は，船積みにより危険負担が移転しますので，売り上げの計上時点としては，船積み時点が合理的と考えられます。

② ＣＩＦ条件

　ＣＩＦ（Cost Insurance and Freight）は，品物の積出地での本船渡値段（ＦＯＢ価格）に仕向地までの保険料（Insurance）及び運賃（Freight）を加えた価格による売買条件です。ＦＯＢ条件と異なり，海上保険を掛け，運賃を支払い，その上で船積みして船荷証券を買手に引き渡すことになりますが，危険負担はＦＯＢ条件と同じです。したがって，売上計上時点もＦＯＢ条件の場合と同様に，船積み時点が合理的と考えられます。

〈文中の注記〉
（注１）　保税倉庫とは，外国貨物（保税）を一時保管し海外へ輸出，又は輸入した外国貨物を一時保管し搬出することを目的とした倉庫です。「保税」の意味は，関税の徴収が留保されているという意味です。保税上屋と保税倉庫をまとめて，保税蔵置場と呼びます。
（注２）　外国貨物を保税のままで運搬・蔵置・加工・展示などができる場所を保税地域と呼びます。指定保税地域，保税蔵置場（保税上屋と保税倉庫），保税工場，保税展示場，総合保税地域の５種があります。
（注３）　船荷証券とは，海上物品輸送（船による品物の輸送）において，運送物の引渡請求権を表章する証券です。この証券によって品物の引き渡しを受けることができます。英語で，Bill of Lading 略してＢ/Ｌ（ビーエル）と呼ばれます。
（注４）　INCOTERMS（インコタームズ）は，ＩＣＣの登録商標です。

（参考文献等）
・成田智弘・吉田健太郎共著『キーワードでわかる公認会計士監査』税務研究会出版局，2008年1月
・『我が国の収益認識に関する研究報告（中間報告）－IAS第18号「収益」に照らした考察』（会計制度委員会研究報告第13号）日本公認会計士協会，平成21年12月8日

（公認会計士　成田智弘）

Q 30 百貨店業の総委託取引

百貨店業で「総委託」,「売上仕入」などのように呼ばれる取引があるようですが,どのような取引でしょうか。

Point

- 総委託取引とは,売上仕入(消化仕入)と呼ばれる取引形態です。
- 百貨店の仕入形態には,売上仕入(消化仕入)と買取仕入があります。
- 売上仕入(消化仕入)の特徴は,在庫リスクを負担しない点にあります。

1．総委託取引の概要

百貨店業で,店頭に陳列する商品の所有権を卸業者やメーカーに残しておき,百貨店で売り上げが計上されたと同時に仕入が計上される,総委託取引という取引形態があります。総委託取引は一般的には,売上仕入(あるいは消化仕入)と呼ばれています。

2．売上仕入(消化仕入)の特徴

(1) 会計処理

百貨店の店頭において販売されたときに売り上げを計上し,同時に仕入れを計上する取引です。納品を受けた段階では入庫処理を行うだけで,仕入計上は行わず,在庫や買掛金も認識されません。すなわち,顧客に販売した段階で仕入計上し,買掛金を認識します。

実務上は,販売時に売上計上されるとともに,あらかじめ仕入先を取り決められた仕入原価率に基づいてシステム上自動的に仕入計上される仕組みとなっていることが多いです。

(2) 保管責任

百貨店の店頭に存在する商品であっても，販売されるまではその所有権及び保管責任は取引先にあります。百貨店は保管責任を負担しません。

(3) 在庫リスク

顧客に販売するまでは，仕入先の在庫として取り扱うので，通常，在庫リスクも負担しないことになります。

(4) 価格決定権

商品の販売価格決定権についても原則的に仕入先が有します。

以上のとおり，売上仕入（消化仕入）の場合，小売業者からみると，在庫リスクを抱えずに商売をすることができることになるため，百貨店のように多種多様な商品を豊富に品揃えする必要がある場合には，有用な取引形態であると考えられます。

一方，販売利益率は，卸業者やメーカーが在庫リスクを抱えることとなるため，買取仕入のそれに比べて低くなることが一般的です。

3．買取仕入

売上仕入（消化仕入）の概要を理解する上で，買取仕入の内容を確認します。買取仕入とは，仕入先から商品を買い取る仕入形態です。

(1) 会計処理

小売業者が納品を受けた（検収した）段階で仕入計上し，在庫や買掛金を認識します。百貨店のバイヤーが商品名，数量を発注システムに登録し，仕入先に発注を行うと商品が納入されます。納入された商品は検品所で物流担当者により検品がなされて仕入計上されます。

(2) 在庫リスク・保管責任

買取仕入の場合，仕入段階で仕入先の瑕疵がない限り返品はできません。百貨店は納入時から在庫リスクを負うことはもちろん，保管責任を負担することになります（「完全買取」という）。

なお，商品が売れ残った場合には，実質的に返品が許される買取仕入形態もあります（「条件付き買取」という）。

（参考文献等）
・有限責任あずさ監査法人編『小売業の会計実務』中央経済社，2010年7月
・新日本有限責任監査法人　小売業研究会『週刊　経営財務』「シリーズ業種別会計の基礎　その17小売業」（平成22年5月24日号，No.2967）税務研究会

（公認会計士　江添慶範）

Q31 工事進行基準

工事進行基準はどのような業種で採用されていますか。また，工事進行基準を採用している場合の留意点について教えてください。

Point

・工事進行基準は，長期にわたる請負工事等に関して，期間的な収益力を明確にするために，見積もられた進捗度に応じて収益を認識する会計処理の方法です。
・工事進行基準は，長期請負工事のほか，ソフトウェアの制作やコンサルティング業務等において適用される場合があります。
・見積りに基づいた収益計上であるため，恣意性が介入する余地が大きく，採用にあたっては適切な計上が行われるように留意することが必要です。

1. 概　要

長期請負工事のように，複数の会計期間にわたってひとつの経済活動（＝取引）を行うことにより収益計上される業務については，それぞれの会計期間における企業の収益性を明らかにすることによって，各会計期間における収益性を明確化するだけではなく，期間比較や企業間比較を可能にするために，工事進行基準による収益認識が行われることがあります。

一般的に，工事進行基準における会計仕訳は次のようになります。

(1) すぐに費消する購入資材等を購入した場合

| （借)工　事　原　価　×××　　（貸)未成工事支出金　×××|

(2) 購入代金を支払った場合

| （借）未成工事支出金　×××　（貸）現　　　　金　××× |

(3) 売上高を計上する場合

| （借）完成工事未収入金　×××　（貸）完成工事高　××× |

(4) 売上債権を回収した場合

| （借）現　　　　金　×××　（貸）完成工事未収入金　××× |

ここで，完成工事高を計上するときには，次の算定式に基づきます。

$$完成工事高 = \frac{当期実際発生原価}{見積総工事原価} \times 見積売上高 - 前期までに計上した売上高$$

見積総工事原価に対する実際発生原価の割合によって，工事の進捗率を測ることが一般的です。したがって完成工事高は，工事原価の見積額によってその算定結果が大きく左右されることになります。

このような長期にわたる経済活動を行う業種としては，建設業のほかにソフトウェア製造業やコンサルティング業があります。建設業には道路や橋梁等を建築するような業種のほか，工場で使用する機械を長い期間をかけて製造する必要のある会社等が含まれます。

ソフトウェアの製造を行う場合，要件の定義からソフトウェアのリリースまで，大きなシステムであればあるほど完成までに多くの期間が必要になります。したがって，「研究開発費による会計基準」において，長期のソフトウェア製造業については工事進行基準による売上高の計上が求められています。その他，コンサルティング業においても，一つのプロジェクトが長期にわたるような場合等は，工事進行基準による売上高の計上が行われる場合があります。なお，例えば，ソフトウェアを製造している場合には，ソフトウェア開発に要する総

見積原価と当期に発生した原価との比率により、進捗率が算定されることになります。

２．正確な見積総工事原価を算定するために

　完成工事高の算定式を構成する要素を考えると、まず、前期までに計上した売上高は所与として確定します。見積売上高については一般に契約時に確定するため、この金額についても議論の余地はありません。一方で当期実際発生原価と見積総工事原価については、恣意性が入る余地が大きく、特に見積総工事原価については社内における当該長期請負工事に関する見積り作業の結果として算定される金額であるため、当該金額について如何に正確性を担保することができるのかが重要です。

　仮に見積工事原価が実際よりも少ない金額となっていた場合には、実際原価と比較した場合に進捗度が大きく算定される傾向になるため、売上高を早期に計上することになってしまいます。逆に見積工事原価が実際よりも多い金額となっていた場合には、売上高の計上が翌期以降にシフトすることになります。このように見積りの良否の如何によって計上される売上高の額に影響を与えることから、見積りの方法によっては適切な売り上げ（完成工事高）の計上が行われないことになります。

　見積りを精緻化していくためには、社内で算定した見積原価を、それに対応する実際発生原価の額と継続的に比較し、その差異額を分析・検討することによって原因を追究することが必要です。それによって社内における見積りの精度向上を図る必要があります。

　また、恣意的に見積額が算定されていないことを検証するために、独立的な部署によって見積りの適切性を検証する仕組を組織に組み込むことで、見積りの正確性を検証することも必要です。

3．正確な実際発生原価の集計

　工事進行基準による会計処理では，工事単位で原価が集計され，売上高が算定されます。原材料費や労務費などが発生する際，発生原価がどの工事に関連するものであるのかを明確に把握することが必要であり，それによって当期の実際発生原価が集計されます。実際発生額は，進捗率を算定する一つの要素である一方で，見積総工事原価と同様に組織内で集計される原価であるため，恣意性が入る余地が残されています。

　例えば，現場において，予算等の関係から，特定の工事（A）で発生した原価を，工事（A）の予算が厳しいことを理由に，現場担当者の判断で工事（B）の原価として集計した場合，これらの工事に関する売上高を適切に計上させることができなくなります。したがって，実際原価の集計にあたって発生した原価を，適切な工事（プロジェクト）に関連付けなければ，進捗率が適切に算定されません。工事進行基準に基づいて適切な売上高を計上するためには，実際原価を適切に集計できるような体制が必要です。

4．引当金の計上

　集計した実際原価が見積売上高を超過する場合，当該超過部分については回収されないため，工事損失引当金を計上することが求められます。したがって，期末においては工事契約（プロジェクト）別に見積売上高と実際原価集計額とを比較し，原価が売上高を超過する場合には引当金を計上する必要があります。

（公認会計士　中原國尋）

18 税金，税効果

Q32 税務と会計

税務と会計の差異について分かりやすく教えてください。

Point

- わが国の会計制度は，トライアングル体制と呼ばれています。
- 税務会計と企業会計は，その目的が異なるため，会計上の利益と課税所得は異なります。
- わが国の税務においては，会計上も費用または損失として計上していなければ，税務上の損金として認めないという，いわゆる損金経理要件があります。
- 会計上，税引前当期純利益に対応するよう法人税等の期間配分計算を行うのが税効果会計ということができます。
- 会計実務を行うにあたっては，企業会計，会社法会計のみならず，税務会計についての知識も必要となります。

1．概　　要

引当金の項でも説明していますが，会計と税務とで取り扱いが異なる事項があります。これらは，会計の目的と税務の目的とが異なることによる違いです。

(1) わが国のトライアングル体制

わが国の会計制度のトライアングル体制は，金融商品取引法に基づく「金商法会計」，会社法に基づく「会社法会計」，税法（法人税法）に基づく「税務会計」の３つの会計制度が混然とした形で，わが国の制度会計を構成しているこ

とを指しています。

(概念図)

```
        <財務会計>                    <税務会計>
         投資家保護
        ┌─────────┐
        │ 金商法会計 │        課税の公平・政策的配慮
        └─────────┘
           │    確定決算主義     ┌─────────┐
           │  損金経理 ⇐        │ 税務会計  │
           │                    └─────────┘
        株主・債権者保護
        ┌─────────┐
        │ 会社法会計 │
        └─────────┘
```

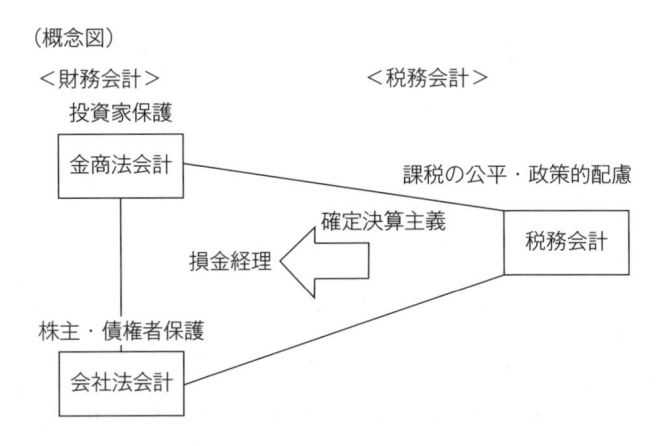

(2) トライアングル体制を構成する3つの制度の関係

① 適用対象の違い

会社法会計及び税務会計はすべての会社に適用されますが，金商法会計は株式を公開している会社（上場会社）等に適用されるのみであるという適用対象の違いがあります。

② 財務会計（金商法会計と会社法会計）

会社法会計と金商法会計は，その目的に多少異なる部分があるものの，いずれも会社の財政状態及び経営成績を，適切に外部の利害関係者に報告する「財務会計」であるということには変わりありません。

また，会社法会計には，斟酌規定(注1)があります。このため，金商法会計の適用されない会社であっても，金商法会計の基礎である会計基準が基本的に適用され，また，金商法会計が改正された場合には，大きな影響を受けることになります。

したがって，両者は，様式や開示内容等が多少異なってはいますが，いずれも財務会計の枠内であり，実質的には大きな変わりがないということもできます。

③ 税務会計

これに対して，税務会計はすべての会社に適用されるという点では会社法会計と同様ですが，会社の財政状態及び経営成績といった観点ではなく，課税所得の計算という観点で制度が設計されているということが財務会計と大きく異なっています。

税務会計は包括的な課税所得計算の体系を持っておらず，財務会計上の税引前当期損益（確定した決算）を出発点として，これに税務上の調整（加算，減算）を加えて課税所得の計算を行うという制度（確定決算主義）になっています。財務会計上の税引前当期損益に税務上の調整を行うだけであれば，税務会計は財務会計とは別物として考えることができますが，わが国の制度においては，財務会計上も費用または損失として計上していなければ，税務会計上の損金として認めないという，いわゆる損金経理要件[注2]が必要となるケースも少なくありません。したがって，損金経理を必要とする項目等については，財務会計上も原価，費用，あるいは損失として損益計算に反映されていなければならず，その意味で税務会計が財務会計に大きく影響を与えているということがいえます。

これらの3つの制度会計は，わが国においてそれぞれに異なった目的を持ちながらも，相互に関連した形で運用されてきています。それぞれの目的と根拠法令等は，概ね次のとおりです。

制度		目的	根拠法令等
財務会計	会社法会計	株主及び債権者保護を主たる目的とし，財産の状況，損益の状況の株主への報告，分配可能額計算等を規制している。	会社法，会社法施行規則，会社計算規則等（旧商法関連法令・規則）
	金商法会計	投資家保護を主たる目的とし，証券市場における情報提供を規制し，企業の財政状態，経営成績及びキャッシュ・フローの状況の適切な開示を規制している。	金融商品取引法，企業会計原則，連結財務諸表原則，中間財務諸表作成基準，中間連結財務諸表作成基準，財務諸表等規則，連結財務諸表規則，中間財務諸表規則，中間連結財務諸表規則，四半期財務諸表に関する会計基準，その他ASBJによる諸会計基準等
税務会計		課税の公平の確保を主たる目的とし，確定した決算に基づいた課税所得の計算（確定決算主義）を規制している。損金経理や政策的な取り扱い等により，財務会計にも影響を与えている。	法人税法，法人税基本通達等

2．法人税の基本的な仕組みと税効果会計

　税務上の課税所得は，会計上の利益に，税法上の定めにより益金不算入，損金不算入等の調整計算を加えて求められるため，会計上の利益とは一致しません。概念的な図を示せば，次のとおりです。

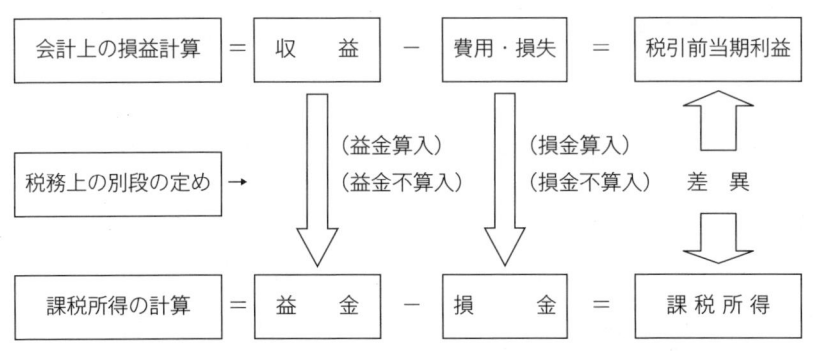

```
会計上の損益計算 ＝ 収益 － 費用・損失 ＝ 税引前当期利益
                    ↓              ↓              ↑
税務上の別段の定め → （益金算入）  （損金算入）    差異
                    （益金不算入）（損金不算入）
                    ↓              ↓
課税所得の計算   ＝ 益金 － 損金 ＝ 課税所得
```

（注）　簡略化すれば，主に法人税申告書の別表四で会計上の利益と課税所得との調整がなされ，累積の差額が別表五で繰り越されます。

図からも明らかなように，課税所得をもとに算定される法人税，住民税及び事業税（以下「法人税等」という）の額は，税引前当期利益とは対応しないこととなります。このような問題を解決するために，法人税等を会計上の費用としてとらえ，会計上の利益に対応するよう法人税等の期間配分計算を行うのが税効果会計であるということができます。

会計上の利益と税務上の課税所得の差異のうち，将来に損金として認められ税金費用を減少させる効果を持つ場合には繰延税金資産として，将来に益金として税金費用を増加させる効果をもつ場合には繰延税金負債として繰り延べて処理することになります。

<例>

A社，B社，C社の損益計算，法人税の計算は下記のようであったとします。この場合に，税効果会計を適用したらどのようになるかについて見ていきましょう。いずれも税引前利益が1,000百万円ですが，法人税等の金額により税引後利益に差が生じている状況です。

(単位：百万円)

<損益計算書>		A社	B社	C社
A	税引前利益	1,000	1,000	1,000
B	法人税等（＝F）	700	400	250
C	税引後利益（A－B）	300	600	750
<法人税等の計算>				
D	申告調整項目の合計	750	－	△375
①	有税貸倒償却	300	－	－
②	賞与引当金	250	－	－
③	退職給付引当金	200	－	－
④	剰余金の処分方式により圧縮記帳を行う国庫補助金等	－	－	△375
E	課税所得（A＋D）	1,750	1,000	625
F	法人税等（E×40％）	700	400	250

(申告調整項目の説明)

① 有税貸倒償却：税務上で損金と認められない（＝税金がかかる＝有税）貸倒償却（＝会計上回収が見込まれない債権の損失計上）を行ったもの。
　→会計上は「費用」，税務上は「損金不算入」
　　会計上は損益計算書に費用（あるいは損失）として計上されているが，税務上は損金ではないので，申告調整が必要＝会計上の利益に申告書上で加算

② 賞与引当金：賞与引当金は税務上損金算入されない。
　→会計上は「費用」，税務上は「損金不算入」
　　会計上は損益計算書に費用として計上されているが，税務上は損金ではないので，申告調整が必要＝会計上の利益に申告書上で加算

③ 退職給付引当金：退職給付引当金は税務上損金算入されない。
　→会計上は「費用」，税務上は「損金不算入」
　　会計上は損益計算書に費用として計上されているが，税務上は損金ではないので，申告調整が必要＝会計上の利益に申告書上で加算

④ 剰余金の処分方式により圧縮記帳を行う政府補助金
　→会計上は処理をしていないが，税務上は「損金算入」
　　会計上は損益計算書上で利益計上するとともに，剰余金の処分として圧縮記帳積立金を計上しているが，税務上は損金となるため，申告調整が必要＝税務上は申告書で減算

＜Ａ　社＞

　有税の貸倒償却300百万円，賞与引当金250百万円，退職給付引当金200百万円の合計750百万円が，税務上は損金に算入されませんが，後に支払いや確定した期に税務上損金として認容されますので，税率の40％を乗じた300百万円が繰延税金資産及び法人税等調整額として計上されます。

（借）繰延税金資産	300	（貸）法人税等調整額	300

＜B　社＞
　申告調整項目がありませんので，変化するところはありません。
＜C　社＞
　剰余金の処分方式により圧縮記帳を行う国庫補助金等375百万円が税務上損金とされて課税が繰り延べられていますが，将来課税所得となりますので，税率の40％を乗じた150百万円が，繰延税金負債及び法人税等調整額として計上されます。

（借）法人税等調整額　　　150	（貸）繰延税金負債　　　150

　これらを損益計算書の様式で示せば，次のとおりです。

（単位：百万円）

＜損益計算書＞	A社	B社	C社
G　税引前利益（＝A）	1,000	1,000	1,000
H　法人税等（＝F）	700	400	250
I　法人税等調整額（＝K）	△300	－	150
J　税引後利益（G－H－I）	600	600	600
＜法人税等調整額の計算＞			
K　法人税等調整額（－D×40％）	△300	－	150

　いずれの会社も税引前利益1,000百万円に対して，税引後利益が600百万円となり，税引前利益と税金区分（法人税等と法人税等調整額）が対応する結果となりました。このように，税引前当期純利益に対応するよう法人税等の期間配分計算を行うのが税効果会計ということができるでしょう。
　わが国の会計に税務が与える影響は少なくありません。会計実務を確実にこなしていくためには，税務の知識も必要となります。

〈文中の注記〉
（注1） 斟酌規定
　　　斟酌規定とは，「一般に公正妥当と認められる企業会計の基準その他の企業会計の慣行をしん酌しなければならない」（会社計算規則3条）という規定であり，会社法会計上も一般に公正妥当と認められる企業会計の基準の考え方を考慮しなければならないとする考え方です。

（注2） 損金経理要件
　　　「損金経理」は，法人税法2条（定義）25号において，「法人がその確定した決算において費用又は損失として経理することをいう。」と定義されています。つまり，損金経理は，企業会計において費用又は損失として処理することを指しています。このことの意味は，わが国においては損金経理により，法人の意思を確かめるという方法を採用しているということです。
　　　損金経理を要件とする事項については，確定した決算において損金経理を行った金額が法人の意志として課税所得の計算の基礎となることから，緩和要件がある事項を除き，法人が申告に際し，これを変更して申告調整を行うことは認められないことになります。

〈参考文献等〉
・成田智弘・吉田健太郎共著『キーワードでわかる公認会計士監査』税務研究会出版局，2008年1月
・内山峰男・成田智弘編著『公認会計士試験　論文式演習　財務会計論』同文舘出版，平成20年7月25日

　　　　　　　　　　　　　　　　　　　　　　（公認会計士　成田智弘）

第3章 財務諸表

Q 33 損益計算書と貸借対照表

財務諸表とは，どこまでを指すのでしょうか。

> **Point**
> ・財務諸表とは，貸借対照表，損益計算書，株主資本等変動計算書，キャッシュ・フロー計算書及び附属明細表からなり，注記事項も含まれます。
> ・金融商品取引法に基づいて作成される財務諸表に対して，会社法に基づいて作成される財務諸表は計算書類と呼ばれます。

1．財務諸表

　財務諸表とは，「財務諸表等の用語，様式及び作成方法に関する規則」（いわゆる財務諸表等規則）という法律の第1条において，以下の5つとされています。
　・貸借対照表
　・損益計算書
　・株主資本等変動計算書
　・キャッシュ・フロー計算書
　・附属明細表

　一般に「決算書」という言葉が用いられる時には，貸借対照表，損益計算書およびキャッシュ・フロー計算書を指すことが多いと思います（最近は，「財務

三表」などと呼ばれることもあります）が，財務諸表等規則では，このほかに株主資本等変動計算書と附属明細表を含めた5つの書類を財務諸表と定義しています。また，重要な会計方針などのいわゆる注記事項も財務諸表に含まれる点に注意が必要です。

なお，株主資本等変動計算書についてはQ35で，注記事項についてはQ36で詳しく説明しています。

2．金融商品取引法と会社法

財務諸表には，金融商品取引法の定めに基づいて作成する場合と，会社法の定めに基づいて作成する場合とがあります。

証券取引所で取引される株式を発行している上場会社や，非上場会社でも株主数が一定数以上であるなどの要件を満たしている会社は，金融商品取引法に基づいて財務諸表を作成し，有価証券報告書などの法定開示書類として開示することが義務付けられています。

一方，すべての株式会社は，会社法に基づく財務諸表を作成することが義務付けられています。

会社法に基づいて財務諸表を作成する場合，それらは金融商品取引法に基づく財務諸表と区別して，「計算書類」と呼ばれます。計算書類は，貸借対照表，損益計算書，株主資本等変動計算書及び注記表からなり，キャッシュ・フロー計算書の作成は会社法では義務付けられていないため，計算書類に含まれません。また，計算書類に附属明細書を加えたものを，「計算書類等」と呼ぶことがあります。

金融商品取引法に基づく財務諸表を作成する会社は，会社法に基づく計算書類も同時に作成することになりますので，双方のルールにのっとってそれぞれ作成することが必要になります。

3．金融商品取引法に基づくさまざまな財務諸表

金融商品取引法に基づく財務諸表は，企業単体ベースであるか，企業集団

ベースであるかにより，また作成基準日が年度，半期，四半期のいずれであるかによって，以下のとおり，財務諸表の名称・範囲が異なります。

	財務諸表の名称	財務諸表の範囲
年度・単体	財務諸表	貸借対照表 損益計算書 株主資本等変動計算書 キャッシュ・フロー計算書 附属明細表
年度・連結	連結財務諸表	連結貸借対照表 連結損益計算書 連結包括利益計算書 連結株主資本等変動計算書 連結キャッシュ・フロー計算書 連結附属明細表
半期・単体	中間財務諸表	中間貸借対照表 中間損益計算書 中間株主資本等変動計算書 中間キャッシュ・フロー計算書
半期・連結	中間連結財務諸表	中間連結貸借対照表 中間連結損益計算書 中間連結包括利益計算書 中間連結株主資本等変動計算書 中間連結キャッシュ・フロー計算書
四半期・単体	四半期財務諸表	四半期貸借対照表 四半期損益計算書 四半期キャッシュ・フロー計算書
四半期・連結	四半期連結財務諸表	四半期連結貸借対照表 四半期連結損益計算書 四半期連結包括利益計算書 四半期連結キャッシュ・フロー計算書

※　いずれも注記事項が含まれます。

それぞれの主な相違点は，以下のとおりです。
・　現在のところ，単体決算上は包括利益という利益概念が制度上導入されていないため，単体では年度，半期，四半期のいずれにおいても，包括利

益計算書は作成されません。
- 株主資本等変動計算書は，四半期では単体及び連結ともに作成されません。
- 附属明細表は連結，単体ともに年度決算でのみ作成され，半期，四半期では作成されません。

なお，中間（連結）財務諸表については，四半期開示制度が導入された平成20年4月以降は，一部の例外を除き作成は不要となっています。

4．会社法における計算書類

会社法における計算書類は，定期的に作成が義務付けられるものとしては，年度決算のみが対象となります。会社が任意で期中に臨時決算日を設けて，臨時計算書類を作成することがありますが，ここでは説明を省略します。

計算書類にも，企業単体ベースのものと企業集団ベースのものとがあり，それぞれの名称・範囲は，以下のとおりとなっています。

	財務諸表の名称	財務諸表の範囲
単体	計算書類	貸借対照表 損益計算書 株主資本等変動計算書 個別注記表
連結	連結計算書類	連結貸借対照表 連結損益計算書 連結株主資本等変動計算書 連結注記表

会社法の計算書類では，金融商品取引法に基づく財務諸表と異なり，（連結）キャッシュ・フロー計算書及び（連結）包括利益計算書は含まれません。

5．財務諸表を閲覧する方法

金融商品取引法に基づく財務諸表を作成している会社は，財務諸表を含む企業情報を有価証券報告書，四半期報告書及び半期報告書として，定期的に開示

することが義務付けられています。

　なお，上述のとおり，四半期開示制度が導入されている現在は，半期報告書は一部の例外を除き作成・開示は不要となっています。

　これらの有価証券報告書等は，金融庁のElectoronic Disclosure for Investor's NETwork（EDINET：エディネット http://info.edinet-fsa.go.jp/）というWEBサイトにおいて，誰でも無料で閲覧することができます。

　また，有価証券報告書の提出会社については，株主総会の招集通知も電子化され，EDINET上に掲載されていますので，その中に含まれる会社法に基づく計算書類も閲覧することができるようになっています。

（公認会計士　郡司昌恭）

Q 34　財務諸表の区分表示

財務諸表の区分表示の基準にはどのようなものがあるのでしょうか。会社法と金融商品取引法では異なるのでしょうか。

Point

・金融商品取引法に基づく財務諸表の区分表示は，「財務諸表等の用語，様式及び作成方法に関する規則」，いわゆる財務諸表等規則とそのガイドラインで規定されています。
・財務諸表の区分表示の基準は，個別と連結，年度と四半期等でそれぞれ異なっています。
・会社法に基づく計算書類の表示は，会社計算規則で規定されていますが，金融商品取引法に基づく財務諸表に比べて，詳細な規定にはなっていません。そのため，実務上は，財務諸表等規則や経団連のひな型が参考とされています。

1. 概　要

　財務諸表は，明瞭性や企業間の比較可能性を確保するために，その表示方法について最低限守るべきルールが法律で定められています。

　具体的には，金融商品取引法における財務諸表の表示は，「財務諸表等の用語，様式及び作成方法に関する規則」，いわゆる財務諸表等規則に定められています。また，財務諸表等規則の各規定について，さらに詳細を定めたものとして財務諸表等規則ガイドラインという規定があり，財務諸表の表示については当該ガイドラインも併せて参照する必要があります。

　なお，金融商品取引法における財務諸表には，企業集団ベース（連結）か企業単体ベース（個別）かによって，また，対象とする決算期によって様々な種類があります。それぞれについて，以下のとおり表示に関する規定が設けられ

ています。

個別	財務諸表	財務諸表等規則及び同ガイドライン
	四半期財務諸表	四半期財務諸表等規則及び同ガイドライン
	中間財務諸表	中間財務諸表等規則及び同ガイドライン
連結	連結財務諸表	連結財務諸表規則及び同ガイドライン
	四半期連結財務諸表	四半期連結財務諸表規則及び同ガイドライン
	中間連結財務諸表	中間連結財務諸表規則及び同ガイドライン

一方，会社法の計算書類については，会社計算規則という法律によって表示方法が定められています。

以下では，金融商品取引法における財務諸表と会社法における計算書類の表示区分に関する規定をみていきます。

2．金融商品取引法における財務諸表の区分表示

金融商品取引法における個別財務諸表の表示は，財務諸表等規則の第11条以降に定められています。

ここでは，財務諸表の区分表示に関するルールがどのように規定されているのかを理解するために，個別貸借対照表における流動資産を例に取り上げてみましょう。

まず，貸借対照表の記載方法は次のとおり定められています。

- 資産，負債及び純資産は，それぞれ資産の部，負債の部及び純資産の部に分類して記載する。
- 資産及び負債の科目の記載の配列は，流動性配列法による。
- 資産は，流動資産，固定資産及び繰延資産に分類し，さらに固定資産に属する資産は，有形固定資産，無形固定資産及び投資その他の資産に分類して記載する。
- 負債は，流動負債及び固定負債に分類して記載する。
- 純資産は，株主資本，評価・換算差額等及び新株予約権に分類して記載する。

第3章 財務諸表

ここまでを表にまとめると，以下のとおりです。

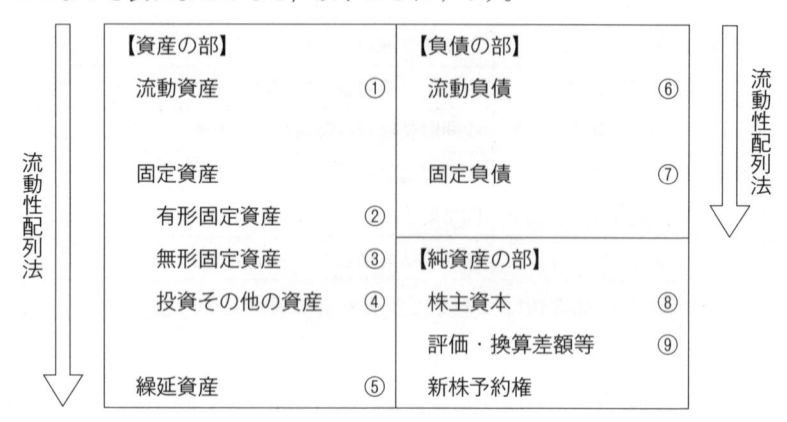

【資産の部】		【負債の部】	
流動資産	①	流動負債	⑥
固定資産		固定負債	⑦
有形固定資産	②	【純資産の部】	
無形固定資産	③		
投資その他の資産	④	株主資本	⑧
		評価・換算差額等	⑨
繰延資産	⑤	新株予約権	

（左側：流動性配列法　右側：流動性配列法）

そして，上記①～⑨のそれぞれについて，どのような勘定科目を区分表示するかについて詳細な規定が設けられています。

以下では，①の流動資産について説明します。

財務諸表等規則第17条「流動資産の区分表示」では，流動資産に属する資産は，次に掲げる項目の区分に従い，当該資産を示す名称を付した科目をもって掲記しなければならないとされています。

一　現金及び預金
二　受取手形
三　売掛金
四　リース債権（通常の取引に基づいて発生したものに限り，破産更生債権等で1年内に回収されないことが明らかなものを除く）
五　リース投資資産（通常の取引に基づいて発生したものに限り，破産更生債権等で1年内に回収されないことが明らかなものを除く）
六　有価証券
七　商品及び製品（半製品を含む）
八　仕掛品
九　原材料及び貯蔵品
十　前渡金

十一　前払費用

十二　繰延税金資産

十三　その他

　ただし，各項目に属する資産で別に表示することが適当であると認められるものについては，当該資産を示す名称を付した科目で別に掲記することができるとされています。また，七から九については，各金額を注記すれば，貸借対照表には，「たな卸資産」の科目をもって一括掲記することができるとされています。

　さらに，実務上，特に注意が必要なものとして，一から十三に掲げる項目に属する資産のうち，未収収益，短期貸付金（金融手形を含む），株主，役員若しくは従業員に対する短期債権又はその他の資産で，その金額が資産の総額の100分の1を超えるものについては，当該資産を示す名称で区分掲記しなければならないという規定があります。

　前年度までは少額であったものについて，当期になって急に残高が増えた場合や，新規の取引によってこれまでにない多額の残高が発生した場合などには，当該残高が区分表示の基準である資産総額の100分の1を超えていないかどうかに留意する必要があります。

　なお，この「資産の総額の100分の1」という基準は，以下のとおり連結や四半期などによって異なっていますので，注意が必要です。

流動資産の区分表示基準

個別	財務諸表	資産総額の100分の1
	四半期財務諸表	〃　　　100分の10
	中間財務諸表	〃　　　100分の5
連結	連結財務諸表	〃　　　100分の5
	四半期連結財務諸表	〃　　　100分の10
	中間連結財務諸表	〃　　　100分の5

また，ここでは，流動資産を例に区分表示ルールを説明しましたが，流動資産以外の資産や負債，純資産についても詳細な区分表示に関する規定が用意されています。さらに，損益計算書についても売上高や販売費・一般管理費等の項目ごとに区分表示の規定が置かれています。

　実際に財務諸表を作成する場合には，各規定の原文にあたって区分表示ルールを確認することが求められます。

3．会社法における計算書類の区分表示

　会社法における計算書類の区分表示は，会社計算規則第72条以降に定められています。

　計算書類における貸借対照表の区分表示ルールも，前述の表の表示レベルでは金融商品取引法における貸借対照表と同様となっています。

　ただし，①から⑦に掲げる項目については，科目の例示列挙はあるものの「適当な項目に細分しなければならない」と規定されているのみで，必ず使用しなければならない科目名や資産の総額の100分の1を超えるものは別掲表示しなければならないといったような基準は特に規定されていません。

　そのため，会社法における計算書類は，金融商品取引法における財務諸表と比較すると，区分表示について会社自身による選択の余地が多いといえます。

　したがって，実務上は，会社法における計算書類を作成するにあたって，金融商品取引法における財務諸表の表示区分を参考にし，それと同じか，もしくはより要約した形にしているケースが多いように思われます。

　なお，会社法における計算書類については，毎年，一般社団法人日本経済団体連合会（経団連）から，「株式会社の各種書類のひな型」が公表されており，実務上の参考資料として利用されています。

（公認会計士　郡司昌恭）

Q35 株主資本等変動計算書

株主資本等変動計算書について分かりやすく教えてください。

Point

・株主資本等変動計算書は，貸借対照表の純資産の部における各項目の変動について，その変動要因を表す計算書です。
・純資産の部の各項目のうち，株主資本とそれ以外の各項目とで表示方法に違いがあります。
・株主資本等変動計算書の様式には，純資産の各項目を横に並べる様式と縦に並べる様式とがあります。
・株主資本等変動計算書には注記事項があります。

1．概　要

　株主資本等変動計算書は，貸借対照表の純資産の部の一会計期間における変動額のうち，主として，株主に帰属する部分である株主資本の各項目の変動事由を報告するために作成される書類です。

　株主資本等変動計算書には，単体ベースで作成されるものと，企業集団ベースで作成される連結株主資本等変動計算書とがあります。

　株主資本等変動計算書は，平成18年に施行された会社法において導入された計算書で，財務諸表等規則においても財務諸表の一つとされています。

　株主資本等変動計算書が導入された背景として，次の点が挙げられます。

・　会社法の導入により，株式会社は，株主総会又は取締役会の決議によって剰余金の配当をいつでも決定することができ，また株主資本の計数をいつでも変動させることができることとされたため，貸借対照表や損益計算書だけでは，資本金，準備金及び剰余金の数値の連続性を把握することが

困難になった。
- 近年の会計基準の新設・改正によって，その他有価証券評価差額金や為替換算調整勘定等のように純資産の部に直接計上される項目が増えているため，ディスクロージャーの透明性確保のために，株主持分の変動に関する開示制度の導入が望まれた。

2．株主資本等変動計算書の表示

　株主資本等変動計算書の作成方法は，「株主資本等変動計算書に関する会計基準」（企業会計基準第6号）及び「株主資本等変動計算書に関する会計基準の適用指針」（企業会計基準適用指針第9号）という会計基準によって定められています。

　冒頭で述べた通り，株主資本等変動計算書は，主として，株主に帰属する部分である株主資本の各項目の変動事由を報告することを目的としているため，純資産のうち，株主資本の各項目と株主資本以外の各項目とで記載方法に差異を設けています。

	株主資本の各項目	株主資本以外の各項目
主な項目	資本金，資本剰余金（資本準備金，その他資本剰余金），利益剰余金（利益準備金，その他利益剰余金），自己株式	評価換算差額等（その他有価証券評価差額金，繰延ヘッジ損益，土地再評価差額金），新株予約権
表示方法	当期首残高，当期変動額及び当期末残高に区分し，**当期変動額は変動事由ごとにその金額を表示**	当期首残高，当期変動額及び当期末残高に区分し，**当期変動額は純額で表示**
変動事由の例	当期純利益 剰余金の配当 新株の発行 自己株式の取得 株主資本の計数の変動	純資産の部に直接計上されたその他有価証券評価差額金の増減 連結範囲の変動に伴う為替換算調整勘定の増減 新株予約権の発行

　表示方法については，一見同じように見えますが，太字部分に記載のとおり，株主資本については変動事由ごとに変動金額が総額で表示されるのに対して，

株主資本以外の項目については変動額を純額でのみ表示するという点が異なっています。ただし，株主資本以外の項目についても，主な変動事由ごとにその金額を表示したり，注記により開示することができます。

3．株主資本等変動計算書の注記

(1) 金融商品取引法に基づく財務諸表

金融商品取引法に基づく財務諸表における株主資本等変動計算書では，以下の項目が注記されます。

① 連結株主資本等変動計算書の注記
　a．発行済株式の種類及び総数に関する事項
　b．自己株式の種類及び株式数に関する事項
　c．新株予約権及び自己新株予約権に関する事項
　d．配当に関する事項

② （個別）株主資本等変動計算書の注記
　a．自己株式の種類及び株式数に関する事項
　　（個別）株主資本等計算書の注記には，①のa．c．d．に準ずる事項を注記することも認められています。
　　また，連結財務諸表を作成しない会社，すなわち，連結株主資本等計算書を作成しない会社の場合は，（個別）株主資本等計算書の注記として，②a．ではなく，①a．～d．に準ずる項目が記載されます。

(2) 会社法に基づく計算書類

会社法に基づく計算書類における株主資本等変動計算書では，以下の項目が注記されます。

① 連結注記表
　a．発行済株式の総数
　b．連結会計年度中に行った剰余金の配当に関する事項
　c．新株予約権の目的となる株式の数

② 個別注記表
　　a．発行済株式の数
　　b．自己株式の数
　　c．事業年度中に行った剰余金の配当に関する事項
　　d．新株予約権の目的となる株式の数

4．四半期決算における取り扱い

　Q33で説明したとおり，四半期決算においては，連結・単体ともに株主資本等変動計算書の作成は必要とされていません。
　その代わりに，株主資本の金額に著しい変動があった場合には，主な変動事由を注記により開示することとされています。

5．株主資本等変動計算書の例

　最後に，実際の株主資本等変動計算書を例に，その内容を見てみましょう。

(1) 株主資本等変動計算書と貸借対照表（純資産の部）

【株主資本等変動計算書】

(単位：千円)

	前事業年度 (自　平成21年4月1日 至　平成22年3月31日)	当事業年度 (自　平成22年4月1日 至　平成23年3月31日)
株主資本		
資本金		
前期末残高	4,777,465	4,780,174
当期変動額		
新株の発行	2,708	172,104
当期変動額合計	2,708	172,104
当期末残高	4,780,174	4,952,278
資本剰余金		
資本準備金		
前期末残高	7,276,465	3,913,334
当期変動額		
新株の発行	2,708	172,104
資本準備金の取崩	△3,365,839	－
当期変動額合計	△3,363,130	172,104
当期末残高	3,913,334	4,085,439
その他資本剰余金		
前期末残高	15,317	－
当期変動額		
自己株処分差益の取崩	△15,317	－
当期変動額合計	△15,317	－
当期末残高	－	－
資本剰余金合計		
前期末残高	7,291,782	3,913,334
当期変動額		
新株の発行	2,708	172,104
自己株処分差益の取崩	△15,317	－
資本準備金の取崩	△3,365,839	－
当期変動額合計	△3,378,448	172,104
当期末残高	3,913,334	4,085,439
利益剰余金		
その他利益剰余金		
繰越利益剰余金		
前期末残高	△3,381,156	2,627,578
当期変動額		
剰余金の配当	－	△695,562
欠損填補	3,381,156	－
当期純利益	2,627,578	6,325,942
当期変動額合計	6,008,734	5,630,380
当期末残高	2,627,578	8,257,958
利益剰余金合計		
前期末残高	△3,381,156	2,627,578
当期変動額		
剰余金の配当	－	△695,562
欠損填補	3,381,156	－

当期純利益	2,627,578	6,325,942
当期変動額合計	6,008,734	5,630,380
当期末残高	2,627,578	8,257,958
自己株式		
前期末残高	△90,991	△90,991
当期変動額		
自己株式の取得	－	△63
当期変動額合計	－	△63
当期末残高	△90,991	△91,055
株主資本合計		
前期末残高	8,597,099	11,230,094
当期変動額		
新株の発行	5,417	344,209
資本準備金の取崩	△3,365,839	－
自己株処分差益の取崩	△15,317	－
欠損填補	3,381,156	－
剰余金の配当	－	△695,562
当期純利益	2,627,578	6,325,942
自己株式の取得	－	△63
当期変動額合計	2,632,995	5,974,526
当期末残高	11,230,094	17,204,621
新株予約権		
前期末残高	125,948	161,451
当期変動額		
株主資本以外の項目の当期変動額（純額）	35,503	△6,561
当期変動額合計	35,503	△6,561
当期末残高	161,451	154,889
純資産合計		
前期末残高	8,723,047	11,391,546
当期変動額		
新株の発行	5,417	344,209
資本準備金の取崩	△3,365,839	－
自己株処分差益の取崩	△15,317	－
欠損填補	3,381,156	－
剰余金の配当	－	△695,562
当期純利益	2,627,578	6,325,942
自己株式の取得	－	△63
株主資本以外の項目の当期変動額（純額）	35,503	△6,561
当期変動額合計	2,668,498	5,967,964
当期末残高	11,391,546	17,359,510

【貸借対照表（純資産の部）】

(単位：千円)

	前事業年度 (平成22年3月31日)	当事業年度 (平成23年3月31日)
純資産の部		
株主資本		
資本金	4,780,174	4,952,278
資本剰余金		
資本準備金	3,913,334	4,085,439
その他資本剰余金	−	−
資本剰余金合計	3,913,334	4,085,439
利益剰余金		
その他利益剰余金		
繰越利益剰余金	2,627,578	8,257,958
利益剰余金合計	2,627,578	8,257,958
自己株式	△90,991	△91,055
株主資本合計	11,230,094	17,204,621
新株予約権	161,451	154,889
純資産合計	11,391,546	17,359,510

　これは，定期航空運送事業を営むスカイマーク株式会社の株主資本等変動計算書と貸借対照表の純資産の部を抜粋したものです。

　まず，株主資本等変動計算書は，純資産の部の変動を示す計算書ですので，株主資本等変動計算書の各項目の残高は，貸借対照表における各項目と一致しています。

　次に，上記2で説明したとおり，株主資本の各項目については，前期末（当期首）残高，当期変動額及び当期末残高に区分し，当期変動額は変動事由ごとにその金額が表示されているのに対して，株主資本以外の各項目（上記の事例では，「新株予約権」のみ）については，前期末（当期首）残高，当期変動額及び当期末残高に区分し，当期変動額は純額で表示されています。

　株主資本については，平成22年3月期に，資本準備金の取り崩し等による欠損填補3,381,156千円が行われ，平成23年3月期には，新株の発行により資本金，資本準備金がそれぞれ172,104千円増加していることが分かります。

なお，会計基準においては，株主資本等変動計算書の様式には，純資産の各項目を横に並べる様式と縦に並べる様式の双方があるとされていますが，財務諸表等規則では縦に並べる様式のみとされており，上記の例はこれに従ったものとなっています。

(2) 株主資本等変動計算書に関する注記

以下は，同じくスカイマーク株式会社の株主資本等変動計算書に関する注記です。

同社は連結財務諸表を作成していない会社であるため，株主資本等変動計算書に関する注記は3で説明した①aからdに準じた注記となっています。

当事業年度（自　平成22年4月1日　至　平成23年3月31日）

1．発行済株式の種類及び総数に関する事項

	前事業年度末株式数(株)	当事業年度増加株式数(株)	当事業年度減少株式数(株)	当事業年度末株式数(株)
発行済株式				
普通株式(注)	69,901,700	911,700	―	70,813,400
合　　　計	69,901,700	911,700	―	70,813,400

（注）　普通株式の発行済株式数の増加911,700株はストックオプション行使による新株の発行によるものです。

2．自己株式の種類及び株式数に関する事項

	前事業年度末株式数(株)	当事業年度増加株式数(株)	当事業年度減少株式数(株)	当事業年度末株式数(株)
自己株式				
普通株式(注)	345,500	123	―	345,623
合　　　計	345,500	123	―	345,623

（注）　増加株式数は単元未満株の取得によるものであります。

3．新株予約権及び自己新株予約権に関する事項

区分	新株予約権の内訳	新株予約権の目的となる株式の種類	新株予約権の目的となる株式の数（株）				当事業年度末残高（千円）
			前事業年度末	当事業年度増加	当事業年度減少	当事業年度末	
提出会社	ストック・オプションとしての新株予約権	—	—	—	—	—	154,889
合計		—	—	—	—	—	154,889

4．配当に関する事項

(1) 配当金支払額

(決議)	株式の種類	配当金の総額（千円）	1株当たり配当額（円）	基準日	効力発生日	配当の原資
平成22年6月23日定時株主総会	普通株式	695,562	10	平成22年3月31日	平成22年6月24日	利益剰余金

(2) 基準日が当期に属する配当のうち、配当の効力発生日が翌期となるもの

(決議)	株式の種類	配当金の総額（千円）	配当の原資	1株当たり配当額（円）	基準日	効力発生日
平成23年6月22日定時株主総会	普通株式	704,677	利益剰余金	10	平成23年3月31日	平成23年6月23日

（公認会計士　郡司昌恭）

第3章　財務諸表

Q 36　財務諸表の注記

財務諸表の注記はなぜ必要なのでしょうか？会社法の計算書類の注記と金融商品取引法の財務諸表の注記についても，分かりやすく教えてください。

Point

・注記は財務諸表本体の情報を補足し，財務諸表の情報としての有用性を高めるために必要とされています。
・会社法の計算書類と金融商品取引法の財務諸表では求められる注記の内容が異なります。

1．概　　要

財務諸表には，貸借対照表や損益計算書といった，いわゆる財務諸表本体といわれる計算書の他に「注記」というものがあります。

注記は，本表の内容を補足して財務諸表利用者により役立つ情報を提供することを目的としています。

注記はその内容によって，次のように分類することができます。

① 財務諸表本体における数値の前提となる事項を示すもの
　例）重要な会計方針の注記
② 財務諸表本体における数値の内訳又は数値に含まれる重要な情報を示すもの
　例）税効果会計の注記，セグメント情報の注記，関連当事者との取引に関する注記
③ 財務諸表本体に反映されていないが，財務情報として有用なもの
　例）金融商品に関する注記（時価情報），賃貸等不動産に関する注記（時価情報）

2．注記の例

　注記は財務諸表本体の情報を補足し，財務諸表の情報としての有用性を高めるためにあると述べました。そこで，実際にいくつかの注記を例に，注記からどのような情報を得ることができるのかについてみてみましょう。

(1) 会計方針の注記

項　目	前連結会計年度 （自　平成21年4月1日 　至　平成22年3月31日）	当連結会計年度 （自　平成22年4月1日 　至　平成23年3月31日）
② 重要な減価償却資産の減価償却の方法 　(ｱ) 有形固定資産	主として定率法を採用している。 　ただし，平成10年4月1日以降に取得した建物（建物附属設備を除く）については，定額法を採用している。 　主な耐用年数は以下のとおりである。 建物及び構築物　3～60年 機械装置及び運搬具　3～20年	同左

　これは，新日本製鐵株式会社の「連結財務諸表作成のための基本となる重要な事項」という注記の一部抜粋です。いわゆる会計方針の注記とよばれるもので，同社では，有形固定資産の減価償却方法として，主として定率法を採用している旨が注記されています。

　平成23年3月期の財務諸表本体をみると，同社は連結ベースで1兆8,000億円を超える有形固定資産残高（土地を含む）を有し，1年間で2,900億円を超える減価償却費（有形固定資産以外を含む）を計上しています。

　有形固定資産の減価償却の方法には，定率法のほかに定額法などいくつかの方法がありますが，いずれの方法によっているかが分からなければ，前年度との期間比較や同業他社との比較を行っても誤った理解をしてしまう可能性があります。

　そこで，いくつかの選択適用が認められている会計処理について，各社が採用している処理方法を明確にするために，会計方針の注記が求められています。

(2) 賃貸等不動産の時価情報

当連結会計年度（自　平成22年４月１日　至　平成23年３月31日）

　当社及び一部の連結子会社では，東京都その他の地域において，賃貸用のオフィスビル（土地を含む）等を有しております。当連結会計年度における当該賃貸等不動産に関する賃貸損益は7,964百万円（主な賃貸収益，賃貸費用は売上高，売上原価に計上）であります。

　また，当該賃貸等不動産の連結貸借対照表計上額，当連結会計年度増減額及び時価は，次のとおりであります。

連結貸借対照表計上額（百万円）			当連結会計年度末の時価（百万円）
前連結会計年度末残高	当連結会計年度増減額	当連結会計年度末残高	
97,091	△2,945	94,145	248,204

（注）１．連結貸借対照表計上額は，取得原価から減価償却累計額を控除した金額であります。
　　　２．当連結会計年度増減額のうち，主な減少額は減価償却（3,082百万円）であります。
　　　３．当連結会計年度末の時価は，主要な物件については社外の不動産鑑定士による不動産鑑定評価書に基づく金額，その他の物件については「不動産鑑定評価基準」に基づいて自社で算定した金額によっております。ただし，第三者からの取得時や直近の評価時点から，一定の評価額や適切に市場価格を反映していると考えられる指標に重要な変動が生じていない場合には，当該評価額や指標を用いて調整した金額によっております。

　これは，株式会社東京放送ホールディングスの「賃貸等不動産関係」の注記の抜粋です。

　これによれば，同社では，東京都その他の地域で賃貸用のオフィスビル等を有しており，それらの平成23年３月期末における連結貸借対照表の計上額は941億円であるのに対して，時価は2,482億円にものぼるとされています。

　賃貸等不動産について，時価評価した上で貸借対照表に計上するという処理は現行の日本の会計基準では認められていないため，当該資産が時価ベースでどの程度の価値を有しているかを知りたいと考える利害関係者にとって，貸借対照表だけではその情報を得ることはできません。しかし，賃貸等不動産に関

する注記によって，帳簿価額を大幅に上回る資産価値があり，多額の含み益を有していることを把握することができるようになっています。

3．金融商品取引法に基づく財務諸表の注記

金融商品取引法における財務諸表では，以下の事項を注記することとされています。

注 記 事 項	個別財務諸表	連結財務諸表
継続企業の前提に関する事項	○	○
連結財務諸表作成のための基本となる重要な事項（個別の場合は，重要な会計方針に係る事項）	○	○
連結の範囲又は持分法適用の範囲の変更に関する注記	－	○
会計方針の変更に関する注記	○	○
未適用の会計基準等に関する注記	△	○
表示方法の変更に関する注記	○	○
会計上の見積りの変更に関する注記	○	○
修正再表示に関する注記	○	○
追加情報	○	○
貸借対照表に関する注記	○	○
損益計算書に関する注記	○	○
包括利益計算書に関する注記	－	○
株主資本等変動計算書に関する注記	○	○
キャッシュ・フロー計算書に関する注記	△	○
セグメント情報等の注記	△	○
リース取引に関する注記	○	○
関連当事者との取引に関する注記	△	○
親会社又は重要な関連会社に関する注記	△	○
税効果会計に関する注記	○	○
金融商品に関する注記	△	○
有価証券に関する注記	△	○

デリバティブ取引に関する注記	△	○
退職給付に関する注記	△	○
ストック・オプション等に関する注記	△	○
企業結合等に関する注記	△	○
資産除去債務に関する注記	○	○
賃貸等不動産に関する注記	△	○
持分法損益に関する注記	○	―
一株当たり情報の注記	○	○
重要な後発事象	○	○

　このうち，△の印を付けている項目は，連結財務諸表の注記として記載されている場合には，個別財務諸表における注記を要しないとされているものです。

　また，上記は年度の（連結）財務諸表において必要とされる注記事項ですが，中間（連結）財務諸表や四半期（連結）財務諸表においては，開示項目が大幅に簡略化されており，一部の注記事項や前年度と比較して著しい変動があった項目などを除いて注記を要しないものとされています。

4．会社法における計算書類の注記

　会社法における計算書類では，以下の事項を注記することとされています。

　会社法の計算書類の場合，金融商品取引法における財務諸表と異なり，連結注記表よりも個別注記表のほうが，求められる注記項目が多くなっています。

注 記 事 項	個別注記表	連結注記表
継続企業の前提に関する事項（※1）（※2）	○	○
連結計算書類の作成のための基本となる重要な事項に関する注記（個別の場合は，重要な会計方針に係る事項に関する注記）	○	○
会計方針の変更に関する注記	○	○
表示方法の変更に関する注記	○	○
会計上の見積りの変更に関する注記（※1）（※2）	○	○
誤謬の訂正に関する注記	○	○
貸借対照表等に関する注記（※1）	○	○
損益計算書に関する注記（※1）	○	－
株主資本等変動計算書に関する注記	○	○
税効果会計に関する注記（※1）	○	－
リースにより使用する固定資産に関する注記（※1）	○	－
金融商品に関する注記（※1）	△	○
賃貸等不動産に関する注記（※1）	△	○
持分法損益等に関する注記（※1）（※2）	△	－
関連当事者との取引に関する注記（※1）	○	－
一株当たり情報に関する注記（※1）	○	○
重要な後発事象に関する注記（※1）	○	○
連結配当規制適用会社に関する注記（※1）（※2）	○	－
その他の注記	○	○

　このうち，△の印を付けている項目は，連結注記表又は連結計算書類を作成する会社は個別注記表において注記を要しないとされているものです。

　なお，上記は会計監査人を設置している公開会社（注）を前提にしたものです。

　公開会社でなく，かつ，会計監査人を設置していない会社については，表中（※1）の注記を要しないとされ，計算書類作成に要する事務負担を大幅に軽減する配慮がなされています。また，公開会社であっても会計監査人を設置していない会社については，表中（※2）の注記を要しないこととされています。

５．金融商品取引法における注記と会社法における注記の相違

上記３，４を見比べると，金融商品取引法では開示が求められている「セグメント情報等の注記」は，会社法では必要とされていないなど，それぞれで注記項目に相違があることが分かります。

また，金融商品取引法と会社法のそれぞれで注記が求められている項目でも，その内容が同一ではないものがあります。

例えば，税効果会計に関する注記は，金融商品取引法と会社法のいずれにおいても必要とされる注記ですが，その内容には次のとおり相違があります。

相違点	会社法における計算書類	金融商品取引法における財務諸表
注記が必要な計算書	個別注記表のみ必要	個別財務諸表，連結財務諸表の両方で必要
注記の内容	・繰延税金資産と繰延税金負債の発生の主な原因 ※ 発生原因別の内訳及びその金額の明細などの「定量的」な記載までは求められていないと解されている（引用１）	・繰延税金資産及び繰延税金負債の発生の主な原因別の内訳 ・税引前当期純利益又は税金等調整前当期純利益に対する法人税等の比率と法定実効税率との間に重要な差異がある時は，当該差異の原因となった主な項目別の内訳 ・税率の変更により繰延税金資産及び繰延税金負債の金額が修正された時は，その旨及び修正額 ・決算日後に税率の変更があった場合には，その内容及びその影響

以下は，株式会社ミクシィの平成23年３月期における金融商品取引法に基づく財務諸表の税効果会計に関する注記です。

1. 繰延税金資産及び繰延税金負債の発生の主な原因別の内訳

(百万円)

繰延税金資産
- 未払金 125
- 未払事業税 87
- 賞与引当金 55
- 資産除去債務 26
- ソフトウェア 117
- 一括償却資産 31
- 固定資産臨時償却費 45
- 関係会社出資金評価損 126
- 関係会社株式評価損 94
- その他 72
- 繰延税金資産合計 783

繰延税金負債
- 資産除去債務に対応する除去費用 △7
- 繰延税金負債合計 △7

繰延税金資産の純額 775

2. 法定実効税率と税効果会計適用後の法人税等の負担率との差異の原因となった主な項目別の内訳

(％)

- 法定実効税率 40.7
- (調整)
  - 留保金課税 6.8
  - その他 △0.0
- 税効果会計適用後の法人税等の負担率 47.5

　一方，以下は同社の会社法計算書類の個別注記表における税効果会計の注記です。会社法の注記では，金融商品取引法の注記の「2．法定実効税率と税効果会計適用後の法人税等の負担率との差異の原因となった主な項目別の内訳」の記載がないことが分かります。

4．税効果会計に関する注記
　　繰延税金資産及び繰延税金負債の発生の主な原因別の内訳
　　繰延税金資産

未払事業税	87百万円
未払金	125百万円
賞与引当金	55百万円
資産除去債務	26百万円
ソフトウェア	117百万円
一括償却資産	31百万円
固定資産臨時償却費	45百万円
関係会社出資金評価損	126百万円
関係会社株式評価損	94百万円
その他	72百万円
繰延税金資産合計	783百万円
繰延税金負債	
資産除去債務に対応する除去費用	△7百万円
繰延税金負債合計	△7百万円
繰延税金資産の純額	775百万円

　このほかにも，「関連当事者との取引に関する注記」は，会社法の計算書類では個別注記表での注記事項となりますが，金融商品取引法の財務諸表では連結財務諸表としての注記になるため，注記対象となる取引の範囲が異なるなどといった相違がありますので，注意が必要です。

〈文中の注記〉
（注）　会社法でいう「公開会社」とは，上場会社のことではなく，定款で株式の全部又は一部について譲渡制限を設けていない会社のことをいいます。

（参考文献等）
引用１）あらた監査法人『会社法計算書類の実務』中央経済社，2009年１月

（公認会計士　郡司昌恭）

第4章 コーポレート・ガバナンスとCSR

Q37 コーポレート・ガバナンス

コーポレート・ガバナンス(以下CG)について教えてください。

Point

・CGは「企業を指揮,統制するシステム」のことです。狭義には「経営の執行と監督の仕組み」を指しますが,多面的な論点があります。
・CGには,経営の効率性を高める「アクセル的側面」(攻=価値向上)と不正・不祥事を防止する「ブレーキ的側面」(守り=信頼構築)があります。
・CGの議論の出発点は「会社は誰のものか」「会社は何のためにあるのか」にあります。
・1990年代に日本でCG議論が活発化した背景には,国際化時代における日本的経営の限界が挙げられます。
・現在,日本のCGは,「社外取締役の義務化」,「監査・監督委員会設置会社」,「会計監査人のインセンティブのねじれ」などの課題を抱え,会社法改正の中間試案に織り込まれています。
・CGに関するディスクロージャー(情報開示)の代表的なものには有価証券報告書のCGの状況,東京証券取引所のCG報告書などがあります。

1. 概　　要

　CGとは，一言でいえば，企業が適正で効率的な経営を行うための機関設計や監視体制のことです。ただし，一般化された定義はなく，その視点に照らして様々な定義や基準などが各国で公表されています。コーポレートの語源であるコンパーニャは，中世ヨーロッパにおける遠隔地交易のための共同出資システムであり，ガバナンスの語源はギリシャ語の【gubernare】≒舵を取るという意味です。1992年に英国で公表されたキャドベリー委員会報告書(注)では，「それによって企業が指揮，統制されるシステム」と定義づけています。

2．CGの多面的な側面

　CGには，企業の国際的競争力強化の観点から，経営の効率性向上や迅速な意思決定，経営の執行機能を高めるといったアクセル的側面（攻＝価値向上）と不正・不祥事を防止し，経営の監督機能を強化するといったブレーキ的側面（守＝信頼構築）があります。

　また，CGとは，狭義には，企業の機関設計や経営の執行と監督の仕組み，例えば，取締役（会）や監査役（会）による経営の職務執行の監督などを指しますが，広義には，内部監査，リスクマネジメント，コンプライアンス，会計監査やCGに関連するディスクロージャー（情報開示）やアカウンタビリティ（説明責任），あるいは，企業の経営理念やビジネスエシックス（経営倫理），コーポレート・ソーシャル・レスポンシビリティ（CSR：企業の社会的責任）まで含めて議論されることもありますので，何をポイントとするかによって議論の重点が変わってくることに留意を要します。

CGの概念図

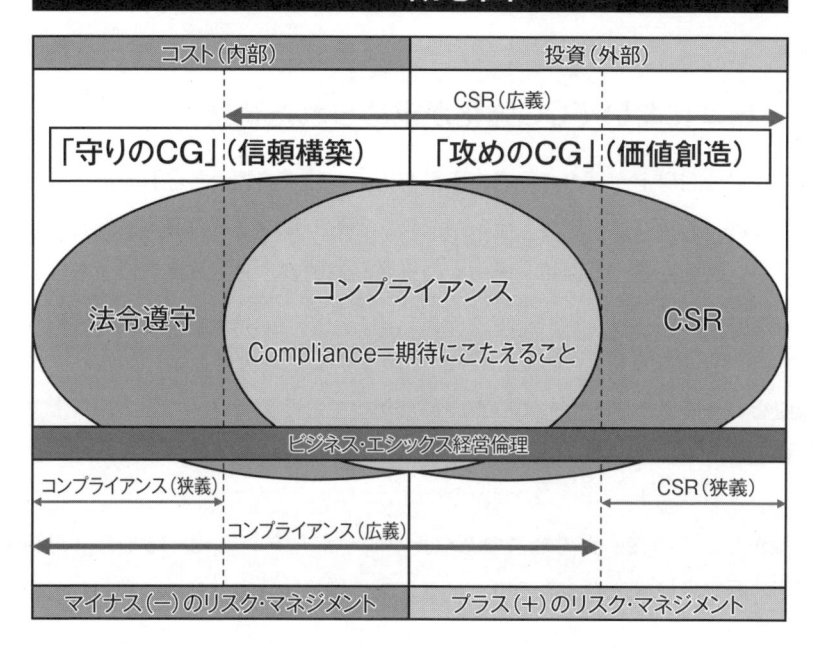

コスト(内部)	投資(外部)
「守りのCG」(信頼構築)	「攻めのCG」(価値創造)

CSR(広義)

法令遵守 — コンプライアンス　Compliance＝期待にこたえること — CSR

ビジネス・エシックス経営倫理

コンプライアンス(狭義)／コンプライアンス(広義)／CSR(狭義)

マイナス(−)のリスク・マネジメント　プラス(＋)のリスク・マネジメント

3．会社は誰のものか？　会社の目的は何か？

　CGの議論の出発点は，ここからはじめると整理しやすいでしょう。近代における自由資本主義経済は私有財産制度を前提としており，株式会社においてもリスクを負担する出資者＝株主による所有と支配を認め，結果責任を与える制度です。CGの議論の主な対象となる大規模公開会社については，所有と経営の分離が進んでいることから，企業経営者の役割はプリンシパル（依頼人）である株主のエージェント（代理人）として投資収益確保に努めることにあり，企業は利潤追求が至上命題ということになります。会社は，『株主のモノ』であるという，米国的な考え方です。

　他方で，近代企業は，ゴーイング・コンサーン（継続企業）を前提にしていることから，企業経営者の役割は「雇用」，「人権」，「環境」など，様々なス

テークホルダー（利害関係者）の利益調整を図ることにあり，ステークホルダーの協同システム，すなわち，『社会共同体』であるという欧州的な考え方があります。

4．日本においてCG強化が求められた背景

かつての右肩上がりの高度経済成長を支え，欧米諸国から注目を浴び，1980年代には，ジャパン・アズ・ナンバーワンともてはやされた日本的経営は，メインバンク制に基づく間接金融中心の資金調達制度，護送軍団行政ともいわれた官僚統制，株式持ち合い，企業グループ・系列化，日本的経営の三種の神器（終身雇用，年功序列，企業別労働組合），緩やかな企業会計原則，限られた情報公開などを特徴とするものでした。したがって，そこでは，本来の出資者である株主よりも金融機関や監督官庁が実質的にCGの大きな役割を担っていました。

しかし，その後，世界経済のグローバル・ボーダレス化，IT革命，規制緩和等の経営環境激変の潮流の中，日本企業の国際競争力は徐々に鈍化し，1990年代初頭，バブル経済の崩壊という形で日本経済の好景気は終焉を迎えました。金融機関による多額の不良債権が発覚し，金融ビックバンといわれる規制改革が行われましたが，同時に企業不祥事や粉飾決算が明るみに出る中，日本経済復活のシナリオとして，企業不祥事を防止し，経営の効率性を高めるため，今一度日本的なCGを見直そうという気運が高まりました。

5．日本のCGの現状と課題

(1) 日本のCGの現状：機関構造の視点から

日本企業の機関構造は，公開会社でかつ大会社でもある会社については，監査役会設置会社（会社法328条1項）と，委員会設置会社（327条）のいずれかを選択することになります。

監査役会設置会社では株主総会で選任された監査役（会）および取締役（会）が経営の執行を監査ならびに監督を行います。取締役会は，業務執行の決定，

取締役の職務執行の監督，代表取締役の選定及び解職を行います（362条2項）。監査役（会）は，取締役の職務執行を監査し，業務監査及び会計監査権限を有しています（381条）。監査役会は，3人以上の監査役から構成され，半数以上は社外監査役である必要があります（335条3項，390条1項）。ただし，会計監査については，監査役（会）は，会計監査人の監査の方法又は結果の相当性を監査し，自己の意見とすることが認められています（会社計算規則127条）。会計監査人の選任・解任議案や報酬に関して，監査役（会）が決定権ではなく，同意見しか有しないという点においては従来から批判のあるところです。これをいわゆる会計監査人のインセンティブのねじれ問題といいます。

　これに対し，委員会設置会社では，取締役会が経営の執行（執行役）を監督します（416条）。取締役会の中には3名以上（400条1項）で過半数の社外取締役からなる指名委員会（404条1項），監査委員会（404条2項）および報酬委員会（404条3項）をおかねばならず，監査委員会は，取締役及び執行役の職務執行に対して，業務監査と会計監査を行います。監査役会を設置することはできません（327条4項）。社外取締役とは，株式会社の取締役であって，現在及び過去において，当該株式会社またはその子会社の代表取締役・業務執行取締役もしくは執行役または支配人その他の使用人ではないものをいいます（2条15号）。主要諸外国では社外取締役の選任を義務化しているという状況を踏まえ，日本においても導入の是非が議論されています。委員会設置会社は，米国型のCGに近いものであり，経営の執行と監督が明確に分離された制度として，より効果的なCGを期待すべく，2003年に導入された委員会等設置会社の流れをくむものですが，わが国の実態としては，ほとんどの企業が監査役会設置会社の形態をとっています。この点について，両者の中間形態として監査・監督委員会設置会社制度の導入が提起されています。

(2) 日本のCGの課題

　法務省法制審議会の会社法制部会では，平成23年11月に会社法改正に関する中間試案としてCGの観点から，主に以下の点を挙げています。

第1 取締役会の監督機能
1 社外取締役の選任の義務付け
　【A案】　監査役会設置会社において，1人以上の社外取締役の選任を義務付けるものとする。
　【B案】　金融商品取引法第24条第1項の規定により有価証券報告書を提出しなければならない株式会社において，1人以上の社外取締役の選任を義務付けるものとする。
　【C案】　現行法の規律を見直さないものとする。
2 監査・監督委員会設置会社制度
　　取締役会の監督機能の充実という観点から，自ら業務執行をしない社外取締役を複数置くことで業務執行と監督の分離を図りつつ，3人以上，過半数の社外取締役からなる監査・監督委員会を設置し，経営者の選定・解職等の決定への関与を通じて監督機能を果たすための制度として，新たな機関設計を認めるものとする。
　　この点に関して，社外取締役では十分ではなく取引先などの利害関係等の要件に踏み込んだ独立取締役を導入すべきではないか，あるいは取締役会全体の過半数が独立取締役であるべきではないかとの指摘もあります。例えば，CGに関する民間研究団体である日本CG・フォーラム，全国社外取締役ネットワーク，日本CG研究所（平成23年1月より3団体合併により日本CG・ネットワークへ改組）は，合同で中間試案に関し，以下の提言を行っています。
　1．公開大会社のうち監査役会設置会社については，次のいずれかの方式で独立取締役を導入することを義務づける。
　　　a．取締役会の過半数を独立取締役で構成
　　　b．過半数とする取締役のみで構成される独立委員会を設置
　2．取締役会の決定事項を大幅に減少する。
　3．委員会設置会社の三委員会は，過半数が独立取締役とする。
　　また，上記，インセンティブのねじれ問題について，中間試案では次のとおり記されています。

第2　監査役の監査機能
1　会計監査人の選解任等に関する議案等及び報酬等の決定
　【A案】　監査役会及び監査委員会は，会計監査人の選解任等に関する議案等及び報酬等についての決定権を有するものとする。
　【B案】　監査役会及び監査委員会は，会計監査人の選解任等に関する議案等についての決定権及びその報酬等についての同意権を有するものとする。
　【C案】　現行法の規律を見直さないものとする。

6．CGディスクロージャー

CGに関する情報開示には主に以下のようなものがあります。

(1)　有価証券報告書：CG情報の開示

2003年（平成15年）の内閣府令（企業内容等の開示に関する内閣府令）の改正により，有価証券報告書の「企業情報：提出会社の状況」の中に「CGの状況」という項目が設けられ，CGに関する基本的な考え方，各種施策の実施状況（企業統治体制の概要，内部統制システムの整備状況，内部監査・監査役（委員会）監査・会計監査の状況，社外取締役及び社外監査役，役員報酬，株式の保有状況，公認会計士への報酬，公認会計士への非監査業務の内容など）を開示することになっています。

(2)　東京証券取引所：CG報告書の開示

東京証券取引所では，2003年3月31日終了の事業年度から上場会社に対し，決算短信に「CGに関する基本的な考え方及びその施策の実施状況」を記載することを求めていましたが，2006年3月期より，「CGに関する報告書」の開示を求めています。CGに関する基本的な考え方，資本構成，組織体制，取締役・社外取締役の状況，監査役（監査委員）・社外監査役の状況，会計監査人・内部監査人・監査役の連携状況，株主総会活性化に向けての取組み，内部統制システムの整備状況，買収防衛策の状況などについて記載することになっています。

〈文中の注記〉

(注) 正式名は「コーポレート・ガバナンスの財務的側面に関する委員会報告書（The Financial Aspects of Corporate Governance：1992年12月）」及び「最善の実務の規程の遵守状況に関する報告書（Compliance with the Code of Best Practice；1995）。

　委員会の委員長を務めた大手食品会社，キャドベリー・シュエップス社の元会長であるエイドリアン・キャドベリー卿の名を冠してキャドベリー委員会報告書と呼ばれます。サッチャー政権の意向を受け，英国企業の国際競争力強化に向けて財務的側面に焦点を当て発足したが，BCCI銀行の破綻，マックスウェル事件，カラーロール社など，企業不祥事が相次ぎ，英国企業の年次報告書や監査報告書の信頼性回復，アカウンタビリティ（会計説明責任）の検討に加え，議論は取締役会，会計監査人，株主の役割を再定義し直すというより幅広いCG全体へと拡がっていきました。

（公認会計士　三宅博人）

Q38 CSR（企業の社会的責任）

CSR（企業の社会的責任）について教えてください。

Point

- CSRは，企業が，本業を通じてステークホルダー（利害関係者）に対してシナジー（相乗）効果を発揮する形で，社会的課題を解決し，サステイナブル（持続可能）な経営を行うことを意味します。
- 単なるフィランソロフィー（慈善活動）やメセナ（芸術支援活動）を指すものではありません。
- CSRは，財務（経済）的な視点のみならず，環境的，社会的な視点から評価，報告されるべきであり，この考え方をトリプルボトムラインと呼びます。
- 日本におけるCSRの原点は，近江商人の家訓，「三方よし」（売り手よし，買い手よし，世間よし）などにあります。
- 日本企業がCSR報告書，サステイナビリティ（持続可能性）報告書を発行する割合は45%，報告に関する代表的なガイドラインにはGRIがあります。
- CSRのガイドラインには，OECD多国籍企業ガイドライン，グローバル・コンパクト，SA 8000など，様々なものがあり，2010年にはISO 26000が制定されました。いずれも強制性を帯びるものではありません。

第4章 コーポレート・ガバナンスとCSR

1. 概　　要

　CSRは，コーポレート・ソーシャル・レスポンシビリティ（Corporate Social Responsibility）の略語であり，企業の社会的責任を意味します。CSRの定義に普遍化されたものはありません。例えば，経済同友会では，「法令遵守や慈善活動にとどまらず，企業が事業活動を通じて社会に好影響をもたらし，そのような企業の取り組みが市場で評価されることによって，企業と社会が相乗的・持続的に発展する経営のあり方」とし，経済産業省では，「企業が，法律遵守にとどまらず，市民，地域及び社会を利するような形で，経済，環境，社会問題においてバランスのとれたアプローチを行うことにより事業を成功させること」としています。本業を通じてステークホルダー（利害関係者）に対してシナジー（相乗）効果を発揮する形で，社会的課題を解決し，サステイナブル（持続可能）な経営を行うことがポイントであり，単なる，フィランソロフィー（慈善活動）やメセナ（芸術支援活動）を指すものではありません。

2. トリプルボトムライン

　企業がステークホルダーに支持され続けるような持続可能な経営を実現するために，「経済的」「環境的」「社会的」の3つの視点からの健全性が不可欠であるという考え方をトリプルボトムラインといいます。それぞれ，具体的な指標に細分化されます。CSR報告書やサステイナビリティ・レポートのガイドラインとして知られるGRIガイドライン[注1]も，この考え方に基づいています。

トリプルボトムラインの考え方

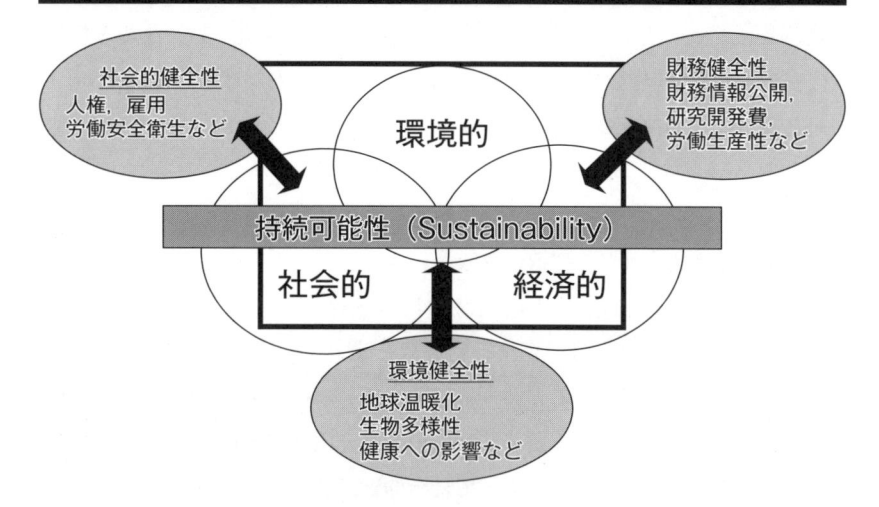

- 社会的健全性：人権、雇用、労働安全衛生など
- 財務健全性：財務情報公開、研究開発費、労働生産性など
- 環境健全性：地球温暖化、生物多様性、健康への影響など
- 持続可能性（Sustainability）：環境的、社会的、経済的

3. 日本におけるCSRの動向

(1) 日本のCSRの原点

日本におけるCSRは，江戸時代の思想家・倫理学者である石田梅岸が説いた，「実の商人は，先も立ち，我も立つことを思うなり」（真の商人は相手と自分の双方の利益を考えるものである），近江商人の家訓「三方（売り手，買い手，世間）よし」（売り手，買い手が満足し，社会に貢献できるのがよい商売である），にあるといわれています。

CSRの議論が日本において本格化したのは，1970年代の環境問題を契機としていますが，その概念自体は新しいものではありません。

(2) 日本企業のCSRの取り組み状況と課題

経済同友会が3～4年ごとに実施している自己評価レポート（2010年）によれば，CSRに対する企業経営者の意識は深化し，世界経済危機後もCSRの取り組みは継続・強化され，68％の企業でCSR推進体制が整備・進展しているとの

結果が出ています。また，CSR報告書，サステイナビリティ・レポートは45％の企業で作成されています(注2)。

課題としては，サプライチェーン(注3)調達，少子高齢化，水，生物多様性，食の安全，女性管理職の割合，雇用創出などへの対応が挙げられています。

同友会では，経営者のリーダーシップとアクションとして，次の宣言を掲げています。

　　宣言1：CSRを中核とした高付加価値経営・高効率経営・人材育成を推進
　　宣言2：本業を通じたCSRの実践
　　宣言3：市民や市民社会との連携によるCSR活動の推進

また，経済団体連合会は，企業行動憲章を改定（2010年）し，その前文の中で，企業を「利潤を追求するという経済的主体」という捉え方から「付加価値を創出し，雇用を生み出すなど経済社会の発展を担うべき存在」と明確に位置付けるとともに，高い倫理観をもって社会的責任を果たしていくことを明記しています。

本文では，安全性の確保，反社会勢力の遮断の徹底，環境への取り組み，グローバル経済への対応，人権を含む各種国際規範の尊重，企業グループ全体としてのCSR推進の徹底，サプライチェーンを含む取引先への対応などを明記しています。

4．CSRの国際的動向とガイドライン

(1) 1920年代

英米の教会で，武器，ギャンブル，アルコール，タバコに関連する企業を投資対象から排除しようという気運が生まれました。倫理的投資（Ethical Investment）と呼ばれています。

(2) 1960〜70年代

欧米における反戦運動，公民権運動，環境問題を含む社会運動が起こり，社会的責任投資（SRI＝Social Responsibility Investment）の基礎ができました。SRI

は，ネガティブ・スクリーニング（社会的に好ましくない企業を投資対象から排除する）と，ポジティブ・スクリーニング（CSRを積極的に果たしている企業に投資する）に分けられますが，前者を中心にスタートしています。

また，OECD多国籍企業ガイドライン（1976・1984・1991・2000年改定）(注4)や南アフリカにおける米国企業の人種隔離政策撤廃，労働環境改善の観点からグローバル・サリバン原則（1977年）が制定されました。

(3) 1980年代

確定拠出年金制度401Kが広がりをみせ，長期的視野での年金運用の視点からSRIが拡大をみせました。

また，フィランソロフィー（慈善活動），企業市民（Corporate Citizenship）概念が登場，浸透しました。

(4) 1990年代

ステークホルダー（利害関係者）の概念が登場し，CSR経営強化の気運が高まりました。

また，国連のグローバル・コンパクト（1999年)(注5)が制定されました。

(5) 2000年代

労働条件の第三者認証の国際規格としてSA 8000（1997・2001年改定)(注6)が定められました。

経済，環境，社会のトリプルボトムラインに基づくCSR報告の基準としてGRIガイドライン（2000・2002年改定)(注1)が公表されました。

優良企業として知られたエンロンの突然の破綻とその後関係者の Greed（貪欲）への批判を受け，米企業改革法（サーベインズ＆オックスリー法・2002年）が制定されました。

また，社会的責任（SR）に関する国際規格としてISO 26000（2010年)(注7)が公表されました。

〈文中の注記〉
（注１） GRIガイドライン…正式名は Global Reporting Initiative。CERES（環境NPO）とUNEP（国連環境計画）などが連携し，CSRやサステイナビリティ・レポートのガイドラインとして2000年6月に制定，2002年8月に改訂されています。企業活動を，環境的側面，社会的側面，経済的側面の「トリプルボトムライン」に分類し，それぞれの指標が示されています。
（注２） 近年，制度としての財務情報の開示のみならずCSR報告書やサステイナビリティ・レポートなどを積極的に開示する企業が増えてきていますが，国際的に財務情報と非財務情報の統合化されたディスクロージャーを推進しようという気運もみられています。今後も，CSRに関するディスクロージャーは強化される潮流にあるといえるでしょう。
（注３） サプライチェーンとは，原材料の調達から生産・販売・物流を経て消費者に至る，製品・サービス提供のために行われるビジネス諸活動の一連の流れのことを指します。
（注４） OECD多国籍企業ガイドライン…OECD（経済協力開発機構）が，多国籍企業の貿易・投資の自由化，経済のグローバル化に対する市民の懸念に配慮し，1976年に作成し，2000年6月に4回目の改定を行いました。全9章から構成され，労働や環境の基準に関する勧告，汚職防止や消費者権利保護に関する章などが織り込まれています。検証制度はありません。
（注５） グローバル・コンパクト…2000年7月に国連本部で正式に発足。人権，労働，環境に関する，9つの普遍的原則を遵守・実践することで，国際社会にCSRの積極的な変化をもたらすことを目的としています。検証制度はありませんが，参加企業は，①経営者の支持表明，②グローバル・コンパクトの普及，③年1回の活動報告をすることが求められています。
（注６） SA 8000…労働条件に特化した第三者審査規格で，1997年にISO 14001（環境マネジメントシステム）などをもとに制定されました。児童労働，強制労働，安全衛生など全10章から構成されています。
（注７） ISO 26000…社会的責任に関する国際規格。正式名称は Guidance of social responsibility。従来のISO企画と異なり審査を要求するものではありません。SR（社会的責任）の課題として，組織統治，人権，労働慣行，環境，公正な事業慣行，消費者問題，コミュニティ参画及び発展の7つを中核としています。

（公認会計士　三宅博人）

第5章 連結・企業結合

Q39 企業結合

企業の買収に関連して「DCF」,「のれん」や「PPA」などという言葉を耳にしますが,これらについて分かりやすく教えてください。

Point

・企業買収を行う際には,様々な準備が必要です。
・PPAを行う際には,無形資産の識別も必要となります。

1. 概　要

企業の買収を行う際の一般的なスケジュールは以下の手順で行われます。

① 企業買収の戦略を策定する。

経営戦略等を策定し,企業買収を行う目的を明確にする。

② 対象会社のリストアップ・スクリーニングを行う。

企業買収の目的に基づき,事業内容・規模等更に業績・成長・強み等を考慮しターゲット企業を選定する。

③ ②で選定した企業の初期的調査・初期的評価（財務内容・株主構成・経営体制等の要素を調査し,順位付け）を行う。

④ 基本合意の条件交渉を行う。

⑤ デューデリジェンス（詳細調査）を行う。

売り手の財務上，税務上，法務上のリスク等はないかを会計士・弁護士などによって，調査する。
⑥　企業価値評価を行う。
⑦　最終合意の条件交渉を行い契約を締結する。
　　　デューデリジェンスで発見されたものを株価や支払条件で調整したり，そのほかに基本合意書の段階で留保された問題点をすべて決めていきます。
⑧　株式の譲渡（クロージング）を実行する。
⑨　取得価額の配分を行う。
⑩　のれんを算定する。
⑪　統合活動を開始する。
　　　従業員や取引先，関係者に説明し，理解を得て，なるべく早く両社の文化が融合し，シナジー効果が早期に発揮されるようにマイルストーンなどを設けて効果を測定していきます。

　上述のスケジュールの中から，企業価値評価，取得価額の配分，のれんの算定について以下で説明します。

2．企業価値の評価方法

(1)　企業買収における企業価値の算定

　企業の買収などを行う場合，企業価値算定の問題を避けて通るわけにはいきません。企業の買収の場合，株主の納得を得るため，直接的に株式の評価が必要になります。公正中立な立場である銀行，証券会社，監査法人・公認会計士，コンサルティング会社などが，その役割を担うケースが多く見られます。

(2)　企業価値の評価方法

　企業価値の評価方法としては，3つのアプローチが存在します。それは，ディスカウント・キャッシュフロー法（DCF法）を代表するインカム・アプローチ，類似会社比準価額や類似業種比準価額などを代表するマーケット・アプローチ，時価純資産額や簿価純資産額などから算定するコスト・アプローチ

です。これらの評価方法を併用し，適切なウェート付けをして算定するケースが少なくありません。特に最近では，DCF法が注目されています。

(3) DCF法

DCF法とは，将来の事業計画に基づいて，将来のキャッシュ・フローを見積もり，それを一定の割引率で現在価値に割り引くことにより，現時点における企業価値を算定する方法です。実務上は①税引後営業利益に対して，減価償却費などの非資金項目を加算し，運転資本・設備資本の増加額を減算する方法により一定期間のフリー・キャッシュ・フローを算定し，②一定期間経過後の継続価値の現在価値を算定し，①と②を加算することにより企業価値を評価する方法に用います。

3．取得価額の配分作業

パーチェス・プライス・アロケーション（PPA）とは，取得価額を配分する作業をいいます。

このPPAの作業は取得価値が確定したのち，つまり企業買収の取引が終わったあとに行われるのが一般的です。

① 識別可能資産及び負債への取得原価の配分額の算定

取得原価は，被取得企業から受け入れた資産及び引き受けた負債のうち，企業結合日時点において識別可能なもの（識別可能資産及び負債）の企業結合日時点の時価を基礎として，当該資産及び負債に対して企業結合日以後1年以内に配分します。企業結合日以後の決算において，配分が完了していなかった場合は，その時点で入手可能な合理的な情報等に基づき暫定的な会計処理を行い，その後追加的に入手した情報等に基づき配分額を確定させます（「企業結合に関する会計基準」（以下，「基準」という）28項）。

識別可能資産及び負債の範囲は，「買収企業の企業結合日前の貸借対照表において計上されていたかどうかにかかわらず，企業がそれらに対して対価を支払って取得した場合，原則として，我が国において一般に公正妥当と認められ

る企業会計の基準の下で認識されるものに限定する」とされています（「企業結合会計基準及び事業分離等会計基準に関する適用指針」（以下，「適用指針」という）52項）。

　これは，取得した企業価値（買収価値）を各資産に配分する作業ですが，まず有形資産等（負債を含む）に配分する必要があります。一般に有形資産等の公正価値評価は，無形資産を評価する前に実施されます。一般に公正価値評価の対象となる有形資産には土地，建物，機械設備があります。

　識別可能資産及び負債への取得原価の配分額は，企業結合日における次の時価を基礎として，算定するとされています。

(1) 観察可能な市場価格に基づく価額
(2) (1)がない場合には，合理的に算定された価額

　合理的に算定された価額による場合には，市場参加者が利用するであろう情報や前提等が入手可能である限り，それらに基礎を置くこととし，そのような情報等が入手できない場合には，見積りを行う企業が利用可能な独自の情報や前提等に基礎を置くものとされています。

　合理的に算定された価額は，一般に，コスト・アプローチ，マーケット・アプローチ，インカム・アプローチなどの見積方法が考えられ，資産の特性等により，これらのアプローチを併用又は選択して算定することとなります。

　なお，金融商品，退職給付引当金など個々の識別可能資産及び負債については，一般に公正妥当と認められる企業会計の基準において示されている時価等の算定方法が利用されることとなります（適用指針53項）。

② 無形資産への取得原価の配分

　受け入れた資産に法律上の権利などが分離して譲渡可能な無形資産が含まれる場合には，当該無形資産は識別可能なものとして取り扱います（基準29項）。これを無形資産の価値評価作業といい，無形資産のａ．識別とｂ．測定という2つのステップに分けられています。「識別」とは対象会社の持っている無形資産は何かを把握する作業であり，「測定」とはその把握された無形資産の金額を算定する作業をいいます。

これが，同じ価値評価であっても基本合意または最終合意の前に行われる企業価値の評価と，PPAの一環として行われる無形資産価値評価で大きく異なります。
　すなわち，上述の企業価値評価は，取引の前に「いくらで取得するか」というビジネス目的から企業価値を計算する作業であるのに対し，無形資産価値評価は，取引後に確定した企業価値をもとに，「いくらで計上するか」という会計目的に立ち，取得価額を無形資産等に配分する作業です。
　上述の「法律上の権利」とは，特定の法律に基づく知的財産権（知的所有権）等の権利をいいます。特定の法律に基づく知的財産権（知的所有権）等の権利には，産業財産権（特許権，実用新案権，商標権，意匠権），著作権，半導体集積回路配置，商号，営業上の機密事項，植物の新品種等が含まれます（適用指針58項）。「分離して譲渡可能な無形資産」とは，受け入れた資産を譲渡する意思が取得企業にあるか否かにかかわらず，企業又は事業と独立して売買可能なものをいい，そのためには，当該無形資産の独立した価格を合理的に算定できなければなりません（適用指針59項）。例えば，特定の無形資産に着目して企業買収が行われた場合，企業買収の目的の１つが特定の無形資産の受け入れであり，その無形資産の金額が重要になると見込まれる場合には，当該無形資産は分離して譲渡可能なものとして取り扱います。したがって，このような場合には，当該無形資産を識別可能資産として，取得原価を配分することとなります（適用指針59－２項）。
　簡潔に述べると，買手がなぜ対象会社を買収したのかという点です。買手は対象会社の何を買ったのか，技術力か？　顧客・販売ルートか？　ブランドか？　無形資産の識別は，そうした買手が意図した会社の強みがどこにあるのかを把握しようとする作業です。
　識別された無形資産の測定は，算定対象会社から識別した無形資産の評価に必要な情報の提供を受け，各無形資産に適した評価方法を用いて行われます。
　この無形資産の算定の際に考慮すべき重要な点は，買収会社が測定に必要な資料・データを必ずしも保有していない場合があるという点です。そのような

場合，代替可能なデータを用いて，一定の仮定を置くことにより測定作業を行う場合も少なくありません。その意味で，識別作業において買収会社の強みが何があるかを把握する際に，識別予定の無形資産の測定作業に利用可能なデータとして何を保有しているかという点もあわせて確認する必要があります。

③ 企業結合に係る特定勘定への取得原価の配分

取得後に発生することが予測される特定の事象に対応した費用又は損失であって，その発生の可能性が取得の対価の算定に反映されている場合には，負債として認識します。当該負債は，原則として，固定負債として表示し，その主な内容及び金額を連結貸借対照表及び個別貸借対照表に注記します（基準30項）。

④ のれん又は負ののれんへの配分

上記配分作業を実施してもなお，取得原価が，受け入れた資産及び引き受けた負債に配分された純額を上回る場合には，その超過額はのれんとして会計処理し，下回る場合には，その不足額は負ののれんとして会計処理します（基準31項）。

4．のれん

のれんとは買収企業対象株式の純資産簿価と買収価額との差額から無形資産（顧客リストや商標権・特許権など）を価値評価し，残余の差額のことです。

のれんは，資産に計上し，20年以内のその効果の及ぶ期間にわたって，定額法その他の合理的な方法により規則的に償却します。ただし，のれんの金額に重要性が乏しい場合には，当該のれんが生じた事業年度の費用として処理することができます（基準32項）。

負ののれんが生じると見込まれる場合には，次の処理を行います。ただし，負ののれんが生じると見込まれたときにおける取得原価が受け入れた資産及び引き受けた負債に配分された純額を下回る額に重要性が乏しい場合には，次の処理を行わずに，当該下回る額を当期の利益として処理することができます。

(1) 取得企業は，すべての識別可能資産及び負債が把握されているか，また，

それらに対する取得原価の配分が適切に行われているかどうかを見直します。

(2) (1)の見直しを行っても，なお取得原価が受け入れた資産及び引き受けた負債に配分された純額を下回り，負ののれんが生じる場合には，当該負ののれんが生じた事業年度の利益として処理します（基準33項）。

(参考文献等)
・太田達也『企業買収における企業価値の考え方と買収防衛策の最新動向』
・山本智貴『パーチェスプライスアロケーション（PPA）の業務フロー』
・企業結合に関する会計基準
・企業結合会計基準及び事業分離等会計基準に関する適用指針

（公認会計士　中西祐介）

第6章 企業会計に関する法令など

Q40 公認会計士監査

初めて会計監査に立ち会いますが、厳しい尋問のようなことをされるのでしょうか。

Point

・監査制度は、真実かつ公正な財務諸表を利害関係者に提供することを目的として、財務諸表の作成者とその監査人とが協力して行うものです。
・円滑な監査の実施は、被監査会社と監査人の双方にとってメリットがあります。

1．監査は双方の協力のもとに行われる

　上場会社や、非上場でも一定の要件を満たす会社については、金融商品取引法や会社法といった法律によって、公認会計士による会計監査を受けることが義務付けられています。

　初めて会計監査に立ち会うことになると、監査という言葉の響きからは、威圧的で厳しい尋問のようなことをされるという印象を持ってしまうかもしれません。

　しかし、通常はそのようなことはありません。

　平成3年に企業会計審議会から公表された「監査基準，監査実施準則及び監査報告準則の改訂について」の三2(3)において、監査というものが本来どのよ

うなものかを示す文章がありますので，引用します。

「財務諸表監査制度は，財務諸表の作成者とその監査人とが協力して，真実かつ公正な財務諸表を利害関係者に供することを本来の目的としているものである。したがって，両者は，もともと対立関係にあるのではなく，財務諸表に関する責任を分担しながら，相互に協力し合う関係にあるといわなければならない。」

このように，財務諸表監査は，財務諸表を作成する経営者と，その適正性について意見を表明する監査人とが，信頼性のある財務諸表の開示という共通の目的に向かって，相互に協力する関係にあることが示されています。

したがって，この目的を双方が認識した上で，相互の協力のもとに監査が行われる限りにおいては，尋問のような厳しい局面に至ることは通常ありません。

2．代表的な監査手続の例

ここでは，経理部門に所属して初めて会計監査の現場に立ち会う時に目にする可能性のある代表的な監査手続について，簡単に説明します。

(1) 実査（じっさ）

実査は，財務諸表に記載された資産が実際に存在しているという心証を得るために，監査人自らが現物を手にとって確かめる監査手続です。

実査の対象となる資産は，現金や受取手形，有価証券といった換金性が高く，かつ高価なものばかりですので，必ず被監査会社（監査を受ける会社のことです）の人にその場に立ち会ってもらうことになります。また，実査が終了し，現物を返却した際には，被監査会社による受領確認のサイン又は押印を監査人から求められます。

(2) 立会（たちあい）

会社は，商品や製品といった棚卸資産について，定期的に現物を数えて，帳簿と一致していることを確かめたり，評価減を要するような品質劣化が生じて

いないかなどを確かめたりします。これを実地棚卸といいます。

　監査人は，この会社が実施する実地棚卸の現場に出向いて，実地棚卸の手続が計画どおりに適切に行われているかどうかを確かめます。この監査手続を立会といいますが，立会には，経理担当者が同行するケースも多く，その場で監査人から製品についての質問などを受けることがあります。

(3) 確　　認

　確認は，財務諸表項目に関連する情報について，監査人自身が被監査会社の取引先等に対して文書（確認状）による問い合わせを行い，その回答を直接入手する監査手続です。確認状の送付対象としては，取引銀行，得意先，仕入先，在庫保管委託先，顧問弁護士等があります。

　確認状は発送前に監査人が内容をチェックしたうえで発送しますが，必要事項の記載などの事前準備は被監査会社の協力を受けて行います。また，返送されてきた確認状の記載内容に，照会内容と不一致があった場合は，その差異内容について被監査会社に説明やそれを立証するための資料の提出を要請されることがあります。

(4) 質　　問

　質問は，財務諸表に関連する情報について，監査人が経営者・従業員等の関係者に問い合わせ，説明や回答を求める監査手続です。質問は，文書または口頭で行われます。

　質問は，質問の対象や方法，回答に対する対応が適切であれば，監査人にとって監査上多くの有用な情報を得ることができますので，監査の様々な局面で実施されます。

　とはいえ，監査人による質問は，通常のビジネスパーソン同士が行うコミュニケーションです。刑事ドラマで見るような容疑者に対する取り調べとは全く異なるものですので，安心してください。

(5) そ の 他

上記のほかにも，監査人が被監査会社の文書を通読する「閲覧」や，会計データとその基礎となる証憑書類を照合する「証憑突合（しょうひょうとつごう）」などたくさんの監査手続があります。

いずれも手続の名称は厳しそうな印象がありますが，冒頭で述べたとおり被監査会社と監査人の双方の協力を前提に行われるもので，過剰に警戒する必要はありません。

しかし，事実を隠ぺいしたり，意図的に虚偽の説明を行ったりすれば，監査人は自らの責任を全うするために，厳しい対応をせざるを得ない局面も考えられます。

円滑な監査の実施は，監査を行う監査人だけでなく，対応する被監査会社にとっても，正確で迅速な財務情報の開示や監査対応コストの削減等につながるというメリットがあります。

（公認会計士　郡司昌恭）

Q41 内部統制

内部統制とはどのようなものでしょうか。分かりやすく教えてください。

Point

- 内部統制は会社の経営者が必要と認めたものを経営者の責任で設定するものです。
- 内部統制の目的は，①事業経営の有効性と効率性を高める，②企業の財務報告の信頼性を確保する，③事業経営に係る法規の遵守を促す，④資産の保全，です。
- 内部統制の構成要素は，「統制環境」，「リスク評価の機能」，「統制活動」，「情報・伝達の機能」，「監視活動」，「ITへの対応」，です。
- 内部統制は，完全なものではありません。内部統制の設定方針で整備されていない部分や水準が高くない場合もあります。また，内部統制が機能しない場合や内部統制のらち外で行われる不正等には弱点があります。
- 業種，業態，個々の会社ごとに内部統制が異なってくる場合もあります。

1．概　　要

(1) 内部統制の概要

内部統制は，一言で言えば「会社のチェック体制」です。会社や会社以外の組織が活動を行う際に，組織の中で，どのような方針の下で，どのようなチェックを行っているかが内部統制です。このチェック体制の中には，組織風土などの目に見えないものも含まれます。ここで，チェックとは，不正や誤謬（間違い）を予防あるいは発見することを指します。

(2) 内部統制の目的と構成要素

内部統制は，①事業経営の有効性と効率性を高める，②企業の財務報告の信頼性を確保する，③事業経営に係る法規の遵守を促す，④資産の保全，の4つを主な目的に，経営者が設定するものです。

また，内部統制の構成要素は，以下の表のとおり，COSOレポート[注1]やわが国の内部統制基準及び内部統制実施基準によると「統制環境」，「リスク評価の機能」，「統制活動」，「情報・伝達の機能」，「監視活動」，「ITへの対応」の6つになります。

図表6-1　内部統制の構成要素

統制環境	経営者の経営理念や基本的経営方針，取締役会や監査役の有する機能，社風や慣行などからなる
リスク評価の機能	企業目的に影響を与えるすべての経営リスクを認識し，その性質を分類し，発生の頻度や影響を評価する
統制活動	権限や職責の付与及び職務の分掌を含む諸種の統制的な活動
情報・伝達の機能	必要な情報が関係する組織や責任者に，適宜，適切に伝えられることを確保する
監視活動	これらの機能の状況が常時監視され，評価され，是正されることを可能とする
ITへの対応[注2]	組織目標を達成するために，予め適切な方針及び手続を定め，それを踏まえて，業務の実施において組織の内外のITに対し適切に対応すること

(3) 内部統制の構築と維持の責任

内部統制は，組織目的を達成するために経営責任者（以下，「経営者」という）が，内部統制の有効性，効率性，経済性等を勘案して自ら設定します。したがって，有効性を優先して考えた場合と経済性を優先して考えた場合とでは，その内容は異なり，どの程度の内部統制を整備し運用するかは経営者に任されています。経営者は，内部統制の整備・運用に伴う費用とそれから得られる効果とを勘案して，その程度を決定することになります。したがって，内部統制の目的に対して絶対的な保証を提供するという訳にはいきませんが，経営者等

が必要とする合理的な保証を提供する仕組みということができます。また，経営者が自ら設定するものであることから，内部統制の構築と維持の責任は経営者等にあります。

2．内部統制の与える信頼性の水準と限界

(1) 内部統制の効果と弱点

内部統制は，上述したとおり，経営者が自社に必要な内部統制を内部統制の有効性，効率性，経済性等を勘案して自ら設定します。この意味で，経営者が必要とする合理的な保証（≒信頼性）を与えるものです。合理的保証とは経営者が避けたいと考えている取引上の誤りを合理的な範囲で事前に防止したり，発見したりすることができるという意味です。したがって，内部統制があれば絶対的に大丈夫というものではなく，経営者が必要とする合理的な範囲で設定される仕組みですので，経営者が必要性が乏しいと考え，また，重要性が低いと考えて内部統制を設定しない部分もありますので，その意味で弱点となる部分が生じてしまうこともあります。

(2) 内部統制の限界

また，内部統制には限界もあります。限界を例示すれば次のようです。

図表6-2　内部統制の限界

① 内部統制担当者の判断の誤りや不注意により内部統制からの逸脱が生じた場合
② 内部統制を設定した当初は想定していない取引が生じた場合
③ 内部統制担当者等が共謀した場合
④ 内部統制責任者自身が内部統制を無視した場合
⑤ 経営者等内部統制のらち外で行われた場合

内部統制によるチェックは，適切にチェックが行われることを前提としていますので，判断誤りがあると適切なチェックができていないことになります。また，当初想定していない取引が生じてしまうと適切なチェックが行えない可能性があります。

さらに，内部統制担当者が共謀した場合や内部統制を無視した場合，内部統制を設定した経営者等が内部統制を通さず，内部統制の枠外で取引を行った場合にはチェック機能は働かなくなってしまいます。

(3) 会社法の内部統制システムと金融商品取引法の内部統制

　これまでは，「内部統制」の一般的な考え方について説明してきましたが，わが国では内部統制に関連する，2つの法律があります。1つは，会社組織全般に適用される会社法によるもので，他の1つは上場会社などに適用される金融商品取引法によるものです。

　経営者，監査役（会）又は監査委員会，公認会計士のそれぞれの役割や必要とされる対応（内部統制に対する役割と対応）についてまとめると，次のようになります。

図表6-3　内部統制に対する役割と対応

	経　営　者	監査役(会)又は監査委員会	公認会計士
会社法（平成18年5月1日より施行）	会社法による内部統制は，金融商品取引法上の規制対象である内部統制が「財務報告」に関連した部分であるのに対して，財務報告以外も含んだ業務全般に及んでいると考えられます。		
	・金融商品取引法のような内部統制報告制度はありませんが，「取締役（又は執行役）の職務の執行が法令及び定款に適合することを確保するための体制その他株式会社の業務の適正を確保するために必要なものとして法務省令で定める体制の整備」について決定又は決議し整備しなければなりません（会社法348条3項，362条4項6号，	・会社法上は，「内部統制についての取締役等の決定又は決議の内容」及び「内部統制に関する取締役（又は執行役）の職務の執行」について，監査報告で意見を述べることが必要です（会社法436条，会社法施行規則129条以下）。 ・この会社法で監査役，監査役会あるいは監査委員会が意見を述べる「内部統制」の範囲は，金融商品取	・会計監査で必要な部分の内部統制の評価を行いますが，内部統制そのものに関して，意見を述べることは求められていません。 ・会社法の監査終了時点で，重要な欠陥を発見した場合には，経営者，取締役会及び監査役又は監査役会に途中経過を報告することが必要と考えられていますが，会社法監査終了日時点での監査人の報告

266

	416条1項など)。 ・また，決定又は決議の内容は，事業報告に記載することが必要です（会社法施行規則118条2号)。	引法では「(有価証券報告書の)財務報告に係る部分」に限られているという点で，その範囲が異なっていると考えられます。	は，あくまでも内部統制監査の経過報告となります（「財務報告に係る内部統制の監査に関する実務上の取扱い」4.(9)（日本公認会計士協会，監査・保証実務委員会報告第82号，最終改正平成21年3月23日)
金融商品取引法（平成20年4月1日以降開始の事業年度から適用)	規制の対象としている内部統制は「財務報告に係る」部分に限られています。ただし，財務報告というのは有価証券報告書等の記載事項を念頭に，財務諸表以外の大株主の状況等の記載も含まれます。		
	経営者は，財務報告に係る内部統制の有効性の評価を行い，「内部統制報告書」を作成しなければなりません。「内部統制報告書」は有価証券報告書と併せて内閣総理大臣に提出しなければならず，また，公認会計士の監査証明を受ける必要があります（金融商品取引法24条の4の4，193条の2第2項)。	金融商品取引法上は，特に責務はありませんが，内部統制の評価という観点からは評価対象である統制環境やモニタリングに含まれてしまうという面があります。	経営者の作成した内部統制報告書が，一般に公正妥当と認められる内部統制の評価の基準に準拠して，内部統制の有効性の評価結果をすべての重要な点において適正に表示しているかどうかについて，監査人自らが入手した監査証拠に基づいて判断した結果を意見として表明します。

3．財務報告に係る内部統制とは（金融商品取引法）

(1) 金融商品取引法において評価が必要となる内部統制

　わが国の金融商品取引法において経営者評価が必要とされる内部統制は，「財務報告に係る内部統制」です。対象となる会社の経営者は，財務報告に係る内部統制の有効性の評価を行い，「内部統制報告書」を作成しなければなりません。「内部統制報告書」は有価証券報告書と併せて内閣総理大臣に提出し

なければならず，また，公認会計士の監査証明を受ける必要があります（金融商品取引法24条の4の4，193条の2第2項）。

(2) 財務報告に係る内部統制とは

金融商品取引法で考えられている「財務報告」とは有価証券報告書等の記載事項を念頭においています。このため，財務諸表以外の大株主の状況等の財務情報の記載も含まれています。「財務報告」及び「財務報告に係る内部統制」とは，次のように要約することができます。

図表6－4　財務報告と財務報告に係る内部統制

財務報告	財務諸表及び財務諸表の信頼性に重要な影響を及ぼす開示事項等に係る外部報告
財務報告に係る内部統制	上記の財務報告の信頼性を確保するための内部統制

また，内部統制の目的及び構成要素の全体の中では，次の図のように示すことができます（網掛けの部分が「財務報告に係る内部統制」）。

図表6－5　内部統制とその目的の関係（財務報告に係る内部統制）

構成要素＼目的	事業経営の有効性と効率性	財務報告の信頼性	事業経営に係る法規の遵守	資産の保全
統制環境				
リスク評価の機能				
統制活動				
情報・伝達の機能				
監視活動(モニタリング)				
ITへの対応				

(3) 全社的な内部統制と業務プロセスに係る内部統制

経営者が評価する「財務報告に係る内部統制」は，大きく，「全社的な内部統制」と「業務プロセスに係る内部統制」に区分されます。「業務プロセス」は，財務報告に直接関連する経理部門が担当する「決算・財務報告に係る業務プロセス」と「決算・財務報告以外の業務プロセス」に分けることができます。

図表6－6　全社的な内部統制と業務プロセスに係る内部統制

全社的な内部統制		企業全体に影響
業務プロセスに係る内部統制	決算・財務報告プロセスに係る内部統制	財務報告に直接関連
	決算・財務報告以外の業務プロセスに係る内部統制	個々の業務処理に係る

　全社的な内部統制は企業全体に広く影響を及ぼし，企業全体を対象とする内部統制であり，基本的には企業集団全体（連結グループ全体）を対象とする内部統制を意味しています。企業集団内の子会社や事業部等に独特の歴史，慣習，組織構造等がある場合には，個々の子会社や事業部等を対象として全社的な内部統制を評価することになります。

　この全社的な内部統制の検討事項としては，経営理念や倫理規程，財務の基本方針が明確化されているか，取締役会や監査役又は監査役会によるコーポレート・ガバナンスが機能しているか，従業員教育や評価が適切に行われているか，リスク評価の仕組みが存在しているか，企業の業務活動にモニタリングが適切に組み込まれているか，ITに関する適切な戦略や計画等が定められており，ITに関連したリスクを考慮し，ITに係る全般統制及びITに係る業務処理統制についての方針や手続が適切に定められているか，などを例として挙げることができます。企業の全社的な内部統制の体制ということができるでしょう。

　これに対して，業務プロセスに係る内部統制は，業務プロセスに組み込まれ一体となって遂行される統制です。例えば，販売業務や仕入業務（あるいは購買業務）といった業務単位が主要な業務プロセスとなります。これらの業務はさらにサブ・プロセス（補助的な業務手続）に分解することができ，販売業務であれば，受注業務，出荷業務，売上計上業務，代金回収業務などに細分化することができます。これらの業務プロセスに組み込まれているチェック機能（不正や誤謬を予防あるいは発見する機能）が業務プロセスに係る内部統制ということになります。

　「財務報告に係る内部統制の評価及び監査に関する実施基準」（企業会計審議

会）では，業務プロセスの細分化の例として，次の図が示されています。

図表6－7

業務プロセス細分化の例

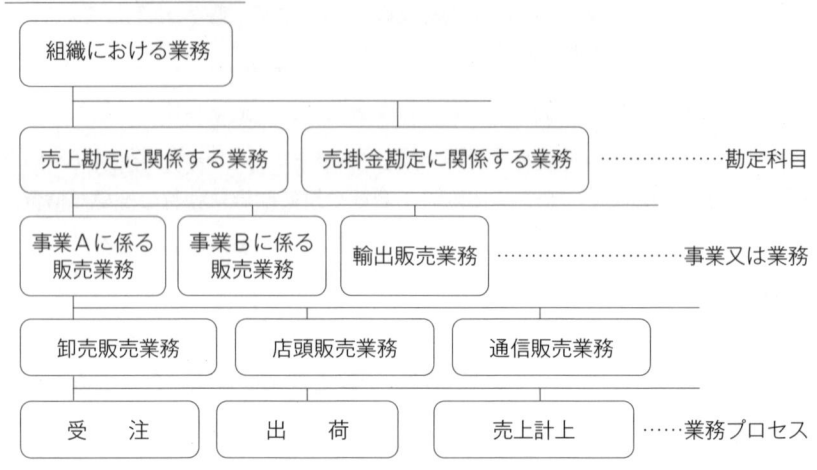

```
           組織における業務
          ┌────────┴────────┐
   売上勘定に関係する業務    売掛金勘定に関係する業務    ………… 勘定科目
   ┌──────┼──────┐
事業Aに係る  事業Bに係る  輸出販売業務    ………… 事業又は業務
販売業務    販売業務
   ┌──────┼──────┐
 卸売販売業務  店頭販売業務  通信販売業務
   ┌──────┼──────┐
   受  注    出  荷    売上計上     …… 業務プロセス
```

(4) 財務報告に係る内部統制の評価・報告

金融商品取引法における「財務報告に係る内部統制の評価・報告」は「財務報告に係る内部統制の評価及び監査に関する実施基準」（平成23年3月30日，企業会計審議会）によると，概ね次のように行われます。

① 全社的な内部統制の評価

全社的な内部統制の評価は，原則としてすべての事業拠点について全社的な観点で評価します。

② 決算・財務報告に係る業務プロセスの評価

決算・財務報告に係る業務プロセスは，財務報告に直接関連する重要な部分ですので，全社的な観点での評価が必要なものについては，全社的な内部統制評価に準じて評価するとともに，業務プロセスについての評価も行います。

③ 決算・財務報告プロセス以外の業務プロセスの評価
  (ア) 重要な事業拠点の選定
    売上高などを用いて金額の高い拠点から合算し,全体の一定割合に達するまでの拠点を重要な事業拠点として選定します。
  (イ) 評価対象とする業務プロセスの識別
    a 重要な事業拠点における,企業の事業目的に大きく関わる勘定科目
      (一般的な事業会社においては,原則として,売上,売掛金及び棚卸資産の三勘定)は評価対象となります。
    b 財務報告への影響を勘案して,重要性の大きい業務プロセスの追加
      重要な事業拠点のみでなく,それ以外の事業拠点において,財務報告への影響を勘案して,重要性の大きい業務プロセスについては,個別に評価対象に追加します。
    c 全社的な内部統制の評価結果による調整
      全社的な内部統制の評価結果が有効でない場合には,評価範囲の拡大や評価手続の追加などが必要となります。
    ※ 評価範囲については,必要に応じて,監査を行う公認会計士と協議することが必要となります。
④ 評価対象とした業務プロセスの評価
  評価対象となる業務プロセスの概要を把握し,統制を識別した上で,関連文書の閲覧,質問,観察等により整備状況の有効性を評価し,さらに,整備された内部統制が有効に運用されているかどうかについて運用状況の有効性を評価します。
⑤ 内部統制の報告
  経営者は,内部統制の不備が発見された場合には,期末までに是正します。また,開示すべき重要な不備が期末日にある場合には,開示することになります。

4．内部統制の留意事項

　内部統制は，経営者の責任で，内部統制の整備・運用に伴う費用とそれから得られる効果とを勘案してその程度を決定するものであることを説明しましたが，会社の業種，業態，規模や業務手続の複雑性などにより異なってきます。

　例えば，売掛金の発生が多い会社においては，売掛金に関連する内部統制が重要となりますが，売掛金があまり生じず，基本的に現金商売であるという会社にとっては現金の管理や受け渡しに関連する内部統制が重要となります。また，製造業とサービス業ではその提供するものが形のあるものと形のないサービスという違いがあることから，社内の諸手続や重要な業務プロセスも当然異なってきますので，業務プロセスの違いに応じた内部統制を整備・運用しなければなりません。

　さらに，同じ製造業であっても製造した製品の販売形態，国内取引か輸出取引か，代金の回収はどのように行われるのか等々によっても内部統制は異なってきます。自社の業務プロセスに応じた内部統制が必要とされるのです。

〈文中の注記〉
（注1）　COSOレポートとは，1980年代前半の経営破綻等を契機として米国公認会計士協会（AICPA）が組織した「トレッドウェイ委員会」の勧告を受けて1992年9月に公表された報告書である『内部統制・包括的フレームワーク』のことです。COSOというのは，トレッドウェイ委員会の後援団体の委員会「Committee of Sponsoring Organizations of the Treadway Commission」のことです。
（注2）　ITへの対応は，COSOレポートでは明記されていない構成要素ですが，わが国の内部統制基準で明記されたものです。

(参考文献)
・成田智弘・吉田健太郎共著『キーワードでわかる公認会計士監査』税務研究会出版局，2008年1月
・新日本有限責任監査法人編『ポイント制度の会計と税務―カスタマーロイヤルティプログラムのすべて―』税務経理協会，2011年3月

（公認会計士　成田智弘）

第7章 その他関連事項

Q42 IFRS, IAS

IFRS（国際財務報告基準）とIAS（国際会計基準）は，同じもののように言われている場合もありますが，どのように違うのでしょうか。分かりやすく教えてください。

Point

・国際財務報告基準は，'International Financial Reporting Standards'（頭文字を取って「IFRS」）の日本語訳で，国際会計基準は，'International Accounting Standards'（頭文字を取って，「IAS」）の日本語訳です。
・IFRSとIASは，作成主体が改組される前か後かによる違いです。IFRSはIASBが作成したもので，IASはIASCが作成したものです。また，IASB は IASC が改組したもので，IASを引き継ぎながらIFRSを作成していることから，現在，IFRSと呼ばれているものの中に，IASが含まれるという状況になっています。
・IFRSは，複数の会計基準等ですので，「IFRSs」（イファーズ）と複数形で呼ばれることもあります。また，他の略号と明確に区別するために「アイ・エフ・アール・エス」と呼ばれたり，「アイ・ファース」や「アイ・ファーズ」と発音されることもあります。

273

1. 概　要

IFRS（International Financial Reporting Standards）は，日本語訳で「国際財務報告基準」と呼ばれています。これに対して，IAS（International Accounting Standards）は，日本語訳で「国際会計基準」と呼ばれています。

現状の両者の関係としては，IAS（国際会計基準）は，IFRS（国際財務報告基準）の一部を構成しているという関係になっています。

(1) IASCとIASB

IASC（International Accounting Standards Committee：国際会計基準委員会）は，1973年に設立された民間の会計基準設定主体です。IASCでは，IASを開発していましたが，2001年にIASB（International Accounting Standards Board：国際会計基準審議会）へと改組されました。改組前にIASCで作成された会計基準がIASと呼ばれ，改組後のIASBで作成された会計基準がIFRSです。改組後は，単なる会計基準ではなく，もっと広く，財務報告（Financial Reporting）の基準であるという意味が込められています。

(2) SICとIFRIC

SIC（Standing Interpretations Committee）は，解釈指針委員会と訳されており，IASBに改組される前のIASCのもとでIASの解釈指針を作成していました。解釈指針自体も略してSICと呼ばれています。これに対して，IFRIC（International Financial Reporting Interpretations Committee）は，IASBに改組された後の解釈指針を作成している委員会で，SIC同様に，解釈指針自体もIFRICと呼ばれています。

年	設定主体	基　　準	解釈指針
1973年～2001年	IASC	IAS 第1号～第41号	SIC 第1号～第32号 (置き換えにより廃止されたものも少なくない)
2001年～現在	IASB	IFRS 第1号～第9号	IFRIC 第1号～20号

(3) IFRSとは

以上を取りまとめると，国際財務報告基準（IFRS）は，国際会計基準審議会（IASB）およびIASBの前身である国際会計基準委員会（IASC）により設定された会計基準（IFRSおよびIAS），IFRS解釈指針委員会（IFRIC）およびIFRICの前身である解釈指針委員会（SIC）により発表された解釈指針（IFRICsおよびSICs）の総称であるということができます。

このうち会計基準については，財務諸表の作成および表示に関する概念フレームワーク(注1)，IAS第1号からIAS第41号およびIFRS第1号からIFRS第13号（2011年6月時点）までの個別基準書から構成されています。

IFRSは，120を超える国が採用もしくは採用することを表明している国際標準ともいえる会計基準です。IFRSに詳しい青山学院大学大学院会計プロフェッション研究科の橋本尚教授を始め多くの論者が，世界共通の「モノサシ」という言い方をされています。

IFRSというとよく「黒船」のように言われることもありますが，IASBの前身のIASC時代には，わが国の代表であった故白鳥栄一氏が議長を務めていたこともあり，わが国との関係も浅くない会計基準です。しかしながら，「黒船」に対する「鎖国」のように，わが国において国際的に統一された会計基準を検討し，IASB（IASCに対しても）に対して意見を述べることなどに一部を除き積極的でない時期があったために，外から押しつけられているといった拒否感や誤解があることも否めません。

(4) IASBの組織

IASBは，民間の会計基準設定主体ですが，上部組織としてIFRS財団があり，また，評議員会（Trustees），IFRS諮問会議，IFRS解釈指針委員会などがあり，さらに，IFRS財団以下の活動を監視する機関として，各国の規制当局（例えば，わが国で言えば金融庁，米国で言えばSECなど）の代表者で構成されるモニタリング・ボードがあります。

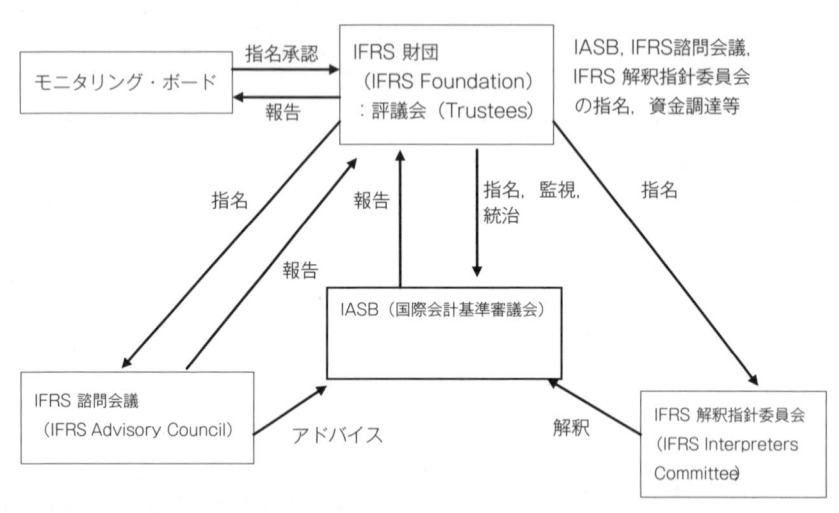

```
モニタリング・ボード  ──指名承認→  IFRS 財団              IASB, IFRS諮問会議,
                   ←報告──      (IFRS Foundation)      IFRS 解釈指針委員会
                                ：評議会（Trustees）      の指名，資金調達等

       指名       報告       指名，監視，       指名
                              統治
            報告
                            IASB（国際会計基準審議会）

IFRS 諮問会議                                      IFRS 解釈指針委員会
(IFRS Advisory Council)  ──アドバイス→    ←解釈──   (IFRS Interpreters Committee)
```

※ 橋本尚監修『よくわかるIFRS＜国際会計基準＞（図解雑学）』ナツメ社，IASBのホームページを参考に作成。

2．IFRSとわが国の会計基準の違い

IFRSとわが国や米国の会計基準の大きな違いとして「原則主義」（Principle Basis）か「規則主義」もしくは「細則主義」（Rule Basis）かということがよく言われています。

「規則主義，細則主義」は，その文字のとおり，会計処理に影響を与える判断基準について，細かく規定する，あるいは，数値基準を設ける等で，ある意味機械的に会計基準を適用できるようにする考え方を指します。わが国の会計基準や米国の会計基準は，この細則主義によるものであると言われています。

これに対して,「原則主義」とは会計基準のそもそもの趣旨を考えて,実質を考えて会計処理することを求める考え方です。この原則主義を採用しているのがIFRSです。

数値基準や細かい規定を設けてしまうとその数値基準や細則をぎりぎりで避けるといった会計基準の適用逃れが出てしまうことも考えられます。そこで,実質的な判断に基づいて適用することを基本とするのが原則主義の考え方です。もちろん,「規則主義,細則主義」の会計基準においても,包括規定(バスケット条項)や準ずる規定などを設けて,その欠点を補う方法が取られてはいますが,会計基準適用逃れを回避するためにさらに細かな規定を設けなければならない結果となることも少なくないのが現状です。

3. IFRSがわが国会計に与える主な影響

(1) 判断項目の増加

企業経理の実務に与える影響としては,前述した原則主義が実質的に大きな影響を与えることが考えられます。例えば,日本基準によれば,機械的に会計処理することができた取引であっても,IFRSによれば,原理原則を考えて,原理原則に当てはめたならこの取引はどのように考えられるのかを考えた上で,その原理原則に沿った会計処理を行う必要があります。会計事象を自ら十分に理解し,解釈した上で,会計処理を行わなければならないことになります。したがって,会計実務担当者には,今以上の実質的判断能力が求められることになります。会計の原理原則を知った上で,それを現実の取引に当てはめて理解し,解釈することが会計実務担当者に求められることになりますので,慣れないうちは,時間がかかったり,誤った処理をしてしまったりというリスクがあります。このため,初期導入コストがかかってしまうというデメリットが生じてしまいます。

しかしながら,国際的に事業を行っている会社にとっては,子会社や関連会社も含めて同一の会計基準により評価し管理することができるため,長期的にはコストが低くなっていくことも考えられます。また,財務報告を利用する利

害関係者にとっては，より企業の実態に即した会計処理が採用され，かつ，注記による説明がなされることが多いため，企業実態をより良く表現した財務報告を利用できるという大きなメリットがあります。

(2) 子会社，関連会社の管理に対する影響

IFRSを導入すると連結グループとしての会計方針や会計マニュアルなどを策定し，子会社や関連会社の所在地国の言語に翻訳しなければならないというコストやグループ会社全体にわたる教育のための費用に加え，IFRS導入に関連した外部コンサルタント費用などが生じますが，同じ会計基準に従って管理できるようになることのメリットは大きいものと考えられます。会社に関係なく比較可能性が高まり，意思決定も迅速に行えるようになると思われます。

また，同じ会計基準に従って会計処理できる体制や内部統制を整備してしまえば，内部統制や社内監査を効率的に行うことが可能となります。さらに，外部監査人による会計監査なども効率的に実施できるようになるものと考えられます。

(3) 会社法会計，税務会計との調整

わが国の会計は，Q32で説明しているように，いわゆる「トライアングル体制」となっています。復習しておけば，トライアングル体制とは，金融商品取引法に基づく「金商法会計」，会社法に基づく「会社法会計」，税法（法人税法）に基づく「税務会計」の3つの会計制度が混然とした形で，わが国の制度会計を構成していることを指しています。

このうち，会社法会計と税務会計は日本基準で作成された個別財務諸表を基本として，配当可能利益や課税所得の計算を行いますので，純粋にIFRSを適用した場合に，会社法や税法が目的としている配当可能利益の計算や課税所得の計算に支障をきたす場合が生じる可能性があり，また，支障を取り除くためには会社法や税法の大きな改正を行わなければならないと考えられるため，個別財務諸表に対してIFRSを適用することに慎重な声が少なくありません。

このような事情もあるため，わが国においては，「連結先行」という考え方が企業会計審議会などで検討されています。連結先行とは，金商法で開示される個別財務諸表と連結財務諸表のうち，会社法及び税法との調整が必要な個別財務諸表は当面日本基準のままにして，それらの制約のない連結財務諸表に先行してIFRSを導入するという考え方です。

ドイツやフランスなどのEU諸国もわが国の状況に似たような状況が存在しているため，これらの国を参考に，IFRSの導入を進めていくことになるものと思われます。

(4) メリットとデメリットのまとめ

IFRSの導入は，財務会計のみでなく，予算編成などの管理会計の世界，財務諸表の様式が変更になり，また，注記項目が増加することにより，経営分析や財務分析の領域も含め，経営全般に影響を及ぼすものと考えられます。IFRS導入によるメリットとデメリットの主なものを取りまとめると，次のように考えられます。

主なメリット	主なデメリット
・世界標準のものさしが使えるようになる。 ・世界の投資家からの資金調達が可能となり，海外上場も容易になる。 ・競合他社との比較可能性が高まる。 ・同じ会計基準を用いることで，海外子会社の管理をより効果的，かつ，効率的に行えるようになる。 ・連結決算の早期化につながる。 ・経理人員の効果的活用ができる（ex. 経理人員を世界中から雇用でき，また，世界中に派遣できる，など）。 ・重要な意思決定，企業戦略の変更などによる業績への影響を適時に表現した財務報告を利用することができる。	・原則主義により，判断項目が増加する。 ・世界の投資家から厳しい目が向けられる。 ・競合他社に会社の状況を容易に判断されやすくなる。 ・実質的判断ができる人材の確保が難しい。 ・企業グループとしてのグループ会計方針，会計処理マニュアルなどが必要となり，策定コストや教育コストがかかる。 ・企業内外の経済環境，投資戦略などの重要な意思決定，企業戦略の変更などに伴い，業績が大きく変動する可能性がある。 ・IFRS導入によるコスト増がある。 ・税務との乖離が大きくなりやすい。

第7章 その他関連事項

(5) 主な影響

具体的に影響を受けると思われる事項は，次のようになります。

- 会計基準が常時改定され続けることによる対応が不可欠となる。
- 資産・負債が増加する傾向がある（無形資産，繰延税金資産・負債，繰延収益など）。
- 収益認識手続の厳格化（出荷基準からより実質的な基準への変更の可能性）。
- 包括利益の取り扱いの影響（包括利益の定義や取り扱い（リサイクリングの有無）による）。
- 財務指標への影響（各種財務指標の標準値などの変動など）。
- IFRSベースでの予算，将来計画の策定が必要となる。
- IFRSベースでのグループ会計方針，マニュアル等が必要となる。
- 管理会計と業績評価プロセスの見直しが必要となる。
- IFRSベースのグローバルな連結システムの構築が不可欠となる。
- IFRSベースのリスク管理が必要となる。
- 税務当局，監督官庁等への対応を考慮する必要がある（海外での売り上げや活動が多い場合は，機能通貨が円でなくなる等）。
  　等々

4．諸外国の導入状況

IFRSを導入もしくは将来的に導入を計画している国は120カ国ですが，主要な国における導入の状況は，概ね次のとおりです。

主要国	IFRS対応の概要
EU諸国(ドイツ、フランスなど)	EU規則に従って、規制市場に上場している全ての会社に対して、連結財務諸表及び単体財務諸表の作成と開示が求められているが、このうち連結財務諸表に対してはIFRSが適用されている(2005年から)。 また、EUは、ヘッジ会計の一部をカーブアウト(IFRSの一部を採用しないこと)している。
韓国	2011年からIFRSを翻訳したK－IFRSを採用している。すべての上場会社に連結財務諸表と単体財務諸表の作成と開示が求められており、両者ともにK－IFRSが適用されている。
中国	上場企業に対して、連結財務諸表と単体財務諸表の作成と開示が義務付けられており、両者とも「新企業会計基準」と呼ばれる中国基準が適用されている。2007年度以降においては、上場会社以外にも新会計基準が適用されている。 新会計基準は、IFRSと基本的な構成等は同じものであるが、IFRSに修正を加えた基準であり、IFRSとの差異もあるが、IFRSの規定をもとに中国基準を策定していくという方針である。
米国	2002年のノーウォーク合意(注2)に基づきFASBとIASBが協議を続けている。 SECは、2007年11月に外国企業がIFRSに準拠した財務諸表を調整表なしで認める規則を公表しているが、米国籍企業にはIFRSの任意適用を認めていない。 米国においては、コンドースメント・アプローチ(注3)など米国基準とIFRSとの調整をどのように行うかについて検討してきたが、2012年2月20日と21日の両日、ロンドンで開かれたIFRS諮問委員会で、米国証券取引委員会(SEC)の主任会計士から、今後5年から7年ほどの時間をかけてIFRSを米国基準に徐々に取り込んでいく(組み込み方式)予定であるとの発言があった。
日本	IFRSとのコンバージェンス(注4)を継続しているが、IFRSを導入するかどうか、いつ導入するのかについては未定。2009年に公表したロードマップにおいては、2012年を目途に導入を判断し、2015年もしくは2016年から適用するとされていたが、東日本大震災の影響等を考慮して、数年間遅れる見込みとなっている。現在、企業会計審議会でIFRSを導入している主な国の状況の調査結果などを検討している状況である。また、米国の動向も見ている状況である。

第7章 その他関連事項

〈文中の注記〉
(注1) 概念フレームワーク：企業会計（特に財務会計）の基礎にある前提や概念を体系化したものです。この基礎的前提や概念に基づいて会計基準が策定されます。
(注2) ノーウォーク合意：2002年9月に米国コネチカット州ノーウォーク（FASBの本拠地）で，IASBとFASBがIFRSと米国基準との中長期的な統合に向け合意したことをいいます。
(注3) コンドースメント・アプローチ：コンバージェンス（convergence）と，エンドースメント（endorsement）を合体させた造語です。コンバージェンスは会計基準の差異を徐々になくしていくことで，「エンドースメント」は，IFRSを自国の会計基準として承認する手続を指し，ほぼ，「アドプション」（採用，導入）と同意であるといわれています。したがって，米国基準とIFRSの差異をなくしていきつつ，IFRSを採用していくことを指していると思われます。
(注4) コンバージェンス：収斂，一つに収束していくこと，です。会計基準のコンバージェンスは，会計基準を徐々に歩み寄らせていくこと，近づけていくことを指し，日本基準をIFRSに徐々に近づけていくことを意味します。
　＊　東京合意：2007年8月8日にASBJとIASBが，日本の会計基準とIFRSとの重要な差異を2008年までに解消し，残りの差異も2011年6月30日までに解消を図ることで合意したこと，また，2011年6月末以後にIFRSとして適用開始となる新たな基準については，検討段階からASBJも積極的に開発に参画し，その基準がIFRSとして適用されるときには，日本もその内容に沿って基準を受け入れられるように検討を行うことを合意していることを指します。

〈参考文献等〉
・橋本尚著『2009年国際会計基準の衝撃』日本経済新聞出版社，2007年9月
・高浦英夫監修，Pwc Japan IFRSプロジェクト室著『IFRS国際会計基準で企業経営はこう変わる』2009年1月
・橋本尚，山田善隆著『IFRS会計学　基本テキスト』中央経済社，2009年9月
・橋本尚監修『よくわかるIFRS＜国際会計基準＞(図解雑学)』ナツメ社，2010年7月
・企業会計審議会の配布資料

（公認会計士　成田智弘）

執筆者紹介

江添慶範（えぞえ　よしのり）
　　公認会計士　新日本有限責任監査法人勤務。
（略　歴）
　　中央大学商学部会計学科卒業。
　　主に上場会社の監査に従事しながら，学校法人等の監査にも従事。また，J-SOX支援業務，経営指導，セミナーの講師等も務める。
（主な著書等）
　　『ポイント制度の会計と税務』新日本有限責任監査法人編　（共著　税務経理協会）など。

柏﨑周弘（かしわざき　のりひろ）
　　公認会計士。有限責任あずさ監査法人パートナー。
（略　歴）
　　中央大学商学部会計学科卒業。
　　主に上場会社の監査に従事しながら，株式公開支援業務，J-SOX支援業務，M＆Aのデューデリ業務，経営指導業務等に従事。
　　日本公認会計士協会　会計士補委員会副委員長，同実務補習委員会委員等。平成19年度から平成22年度まで中央大学公認会計士会幹事長を務める。
　　現在，中央大学学員会会計監事。

河合明弘（かわい　あきひろ）
　　公認会計士・税理士。税理士法人おしどり会計社代表社員。
（略　歴）
　　中央大学商学部会計学科卒業。
　　監査法人日本橋事務所，医療法人，株式会社を経て，平成15年独立開業し，平成20年税理士法人化。
（講　演）
　　税務署・銀行・埼玉県宅地建物取引業協会等にて多数。
（主な著書等）
　　『これであなたも損しない！3日でわかる税金読本』（共著　現代書林）など。

岸田　靖（きしだ　やすし）
　公認会計士。公認内部監査人。有限責任監査法人トーマツ　エンタープライズリスクサービス部　パートナー。
（略　歴）
　中央大学商学部会計学科卒業。
　上場会社の監査，アドバイザリー業務に従事しながら，現在はJ-SOX支援業務，内部監査支援業務，リスクマネジメント支援業務などの業務を手掛けている。
（主な著書等）
　『Q＆A債権の流動化』（トーマツ編　清文社），『こんなときどうする　会社の経理Q＆A』（分担執筆　第一法規）など。

郡司昌恭（ぐんじ　まさやす）
　公認会計士・税理士。株式会社MAACパートナーズ　代表取締役，郡司公認会計士事務所　代表。
（略　歴）
　中央大学商学部会計学科卒業。
　新日本監査法人（現　新日本有限責任監査法人）に入社し，2004年　公認会計士登録。2007年に同監査法人を退職し，郡司公認会計士事務所設立。現在に至る。
　日本公認会計士協会東京会経営委員会委員（平成20年，21年）。
（所属学会）
　日本管理会計学会。
（主な著書等）
　『就活生はユーホーをさがせ』（青月社）など。

鄭　英哲（てい　ひでてつ）
　公認会計士。遊技機関連のベンチャー企業　株式会社ストレイン財務部長。
（略　歴）
　中央大学商学部卒業。
　大学卒業後，クレジット会社に営業社員として2年間勤務。
　2006年公認会計士試験合格後，あずさ監査法人入所。株式公開本部に約2年半勤務し，その後現在に至る。

中西祐介（なかにし　ゆうすけ）
　公認会計士。新日本有限責任監査法人シニア。
（略　歴）
　中央大学商学部会計学科卒業。
　国際展開している上場会社の監査や金融機関の監査に従事するとともに，学校法人監査などにも従事。

中原國尋(なかはら　くにひろ)

公認会計士・システム監査技術者。株式会社レキシコム　代表取締役。青山学院大学大学院会計プロフェッション研究科客員教授。中央大学商学部客員講師。

（経　歴）

中央大学大学院商学研究科博士前期課程修了。

監査法人トーマツ（現　有限責任監査法人トーマツ）を経て，現在に至る。

日本公認会計士協会 IT委員会　監査IT対応専門委員，IT教育専門委員。

日本公認会計士協会東京会　コンピュータ委員会委員長。

（所属学会）

日本管理会計学会，日本内部統制研究学会。

（主な著書等）

『内部監査のためのデータ監査技法』（共訳，第一法規），『図解でわかる内部統制の評価』（共著，TAC出版）など。

成田智弘(なりた　ともひろ)

公認会計士。新日本有限責任監査法人シニアパートナー。青山学院大学大学院会計プロフェッション研究科客員教授。

（略　歴）

中央大学商学部会計学科卒業。

日本公認会計士協会の会計士補会代表幹事，監査委員会専門委員，経営制度調査会委員，業種別鉄道業部会幹事，投資信託専門委員会幹事，日本公認会計士協会東京会の監査委員会委員長，会計委員会委員長，経営委員会副委員長などを歴任。

（所属学会）

日本会計研究学会，日本監査研究学会，日本内部統制研究学会，国際会計研究学会，日本管理会計学会，日本ディスクロージャー研究学会。

（主な著書等）

『キーワードでわかる公認会計士監査』（共著　税務研究会出版局），『公認会計士試験論文式演習』（監査論，財務会計論，管理会計論の編著　同文舘出版）」など。

三宅博人（みやけ　ひろと）
　公認会計士。公認会計士三宅博人事務所所長。青山学院大学大学院会計プロフェッション研究科客員教授。
　（略　歴）
　中央大学経済学部経済学科経済学科卒業。
　日本公認会計士協会会計士補会の代表幹事，国際委員会委員（国際監査基準担当），日本公認会計士協会東京会の広報担当幹事，研修担当幹事を歴任。大手監査法人勤務などを経て現職。
　（所属学会）
　日本監査研究学会，日本内部統制研究学会，日本ディスクロージャー研究学会。
　（主な著書等）
　『業種別アカウンティング・シリーズ（全10巻）』（共著　有限責任　あずさ監査法人編　中央経済社），『コーポレートガバナンスと経営監査』（共著　中央青山監査法人経営監査グループ編　東洋経済新報社），『内部監査ハンドブック』（共著　中央青山監査法人経営監査グループ編　東洋経済新報社）など。

吉井敏昭（よしい　としあき）
　公認会計士・税理士。絆公認会計士共同事務所　代表公認会計士。つばさ税理士法人代表社員。秀ビジネスパートナーズ株式会社　代表取締役。
　（略　歴）
　中央大学商学部会計学科卒業。
　青山監査法人（現　あらた監査法人），銀座公認会計士共同事務所・銀座税理士法人を経て，平成22年絆公認会計士共同事務所を設立，同時につばさ税理士法人へ加入。平成23年秀ビジネスパートナーズ株式会社設立。
　日本公認会計士協会　広報委員会　副委員長，日本公認会計士協会東京会　広報委員会委員長，公認会計士清風会第34期　代表世話人などを歴任。現在，公認会計士共同事務所全国連絡協議会監事，東京会共同事務所連絡協議会監事。
　（主な著書等）
　『プロが勧める　中小会社の経営ノウハウ』（共著　ぎょうせい），『こんなときどうする会社の税務Ｑ＆Ａ』（分担執筆　第一法規），『チェックリスト　税務調査と会社経理』（分担執筆　第一法規）など。

編者紹介

中央大学公認会計士会

　中央大学公認会計士会は中央大学出身の公認会計士，会計士補及び公認会計士試験合格者相互の融和をはかり，公認会計士業界の発展と母校における公認会計士の育成，会計教育の充実に貢献し，母校の興隆に寄与することを目的とする会です。

　中央大学公認会計士会は，公認会計士のみの中央大学学員会唯一の職域会であり，会員相互の懇親のための賀詞交歓会や懇親会の開催，継続的教育のための研修会や勉強会の主催，中央大学経理研究所と共催で就職説明会の開催，中央大学学員会の他支部や他大学の会計人会，公認会計士会との交流などの活動を積極的に行っています。会員は随時募集しています。

編者との契約により検印省略

平成24年7月1日　初版第1刷発行	初級者のための **経理実務Q&A** －検定簿記から経理実務へ－

編　　者	中央大学公認会計士会
発 行 者	大　坪　嘉　春
印 刷 所	税経印刷株式会社
製 本 所	株式会社　三森製本所

発行所	〒161-0033　東京都新宿区 下落合2丁目5番13号	株式 会社　税務経理協会
	振　替　00190-2-187408 ＦＡＸ　(03)3565-3391	電話　(03)3953-3301（編集部） 　　　(03)3953-3325（営業部）
	URL　http://www.zeikei.co.jp/	
	乱丁・落丁の場合は，お取替えいたします。	

© 中央大学公認会計士会　2012　　　　　　　　　　　Printed in Japan

本書を無断で複写複製（コピー）することは，著作権法上の例外を除き，禁じられています。
本書をコピーされる場合は，事前に日本複製権センター（JRRC）の許諾を受けてください。
　　JRRC〈http://www.jrrc.or.jp　eメール：info@jrrc.or.jp　電話：03-3401-2382〉

ISBN978-4-419-05830-2　C3034